GUDRUN PAUSEWANG

Wetten, daß Goethe den Wahnsinn verböte

Eine Erzählung gegen den Krieg

Otto Maier Ravensburg

Die Deutsche Bibliothek – CIP-Einheitsaufnahme

Pausewang, Gudrun:
Wetten, daß Goethe den Wahnsinn verböte /
Gudrun Pausewang. –
Ravensburg : Maier, 1992
(Ravensburger junge Reihe)
ISBN 3-473-35124-5

RAVENSBURGER JUNGE REIHE

1 2 3 4 5 95 94 93 92

Umschlag: Rotraut Susanne Berner
Gesamtherstellung: Ebner Ulm
Printed in Germany
ISBN 3-473-35124-5

Gudrun Pausewang

Wetten, daß Goethe den Wahnsinn verböte

»Krieg ist eine Bankrotterklärung der menschlichen Vernunft.«

Christoph Hein am 13. 2. 1991

»Herr, schmeiß Hirn vom Himmel!«

Transparent-Text auf einer Schülerdemonstration gegen den Golfkrieg

»Es ist ein Krieg, der außer den Kindern nur Schuldige hinterläßt.«

Ulrike Edschmid am 6. 2. 1991

Stichflammen schießen empor, Rauchwolken quellen aus der brennenden Stadt und wälzen sich Christina entgegen, verdüstern das Bild. Ruinen werfen gespenstische Schatten auf die rote Ebene, über die Flüchtlingsscharen davonhasten, auf den Horizont zu, der aber auch in Flammen steht. Sirenen heulen, Explosionen dröhnen, Schreie schrillen auf. Aus den Trümmern eines Hauses dringt, sehr fern, das Weinen eines Babys. Es stinkt nach verbranntem Öl, versengtem Fleisch. Und über allem lastet ein schwarzer Himmel.

Das Getöse schwillt an und wird unerträglich, das Flammeninferno schiebt sich auf Christina zu. Einen Augenblick lang sieht sie, gestochen scharf, eine abgerissene Kinderhand im Geäst eines kahlen Baumes, dann umgibt sie Feuer. Sie will schreien und kann nicht. Sie hört Trommelwirbel, hört den rhythmischen Sprechchor: »Auf-wachen, auf-wachen!«

Christina fährt hoch und kommt langsam zu sich. Der Feuerschein verblaßt, der Gestank vergeht, der Lärm verebbt. Nur der Trommelwirbel hält an, ja, verstärkt sich. Mit ihm nähert sich der vielstimmige Ruf: »Auf-wachen, auf-wachen!«

Und alles ist dunkel.

Christina spürt ihr Herz klopfen. Ihr Puls rast. Aber sie weiß ja, daß sie in ihrem Bett sitzt. Und das Bett steht in ihrem Zimmer, und ihr Zimmer ist geborgen unter dem Dach ihres Elternhauses, weitab vom Golf in einer deutschen, einer europäischen Stadt.

Aber draußen wird getrommelt und gerufen – mitten in der Nacht.

Christina springt auf, läuft zum Fenster und schiebt den Vorhang zur Seite. Unten auf der Straße ziehen junge Leute vorbei. Wahrscheinlich Studenten. Im Schein der Straßenlaternen schimmern ihre Gesichter fahl. Ein paar von ihnen haben Trommeln umgehängt. Sie lassen ihre Stöcke darauf wirbeln. Dazu rufen sie in wechselndem, aufreizendem Rhythmus: »Auf-wachen, auf-wachen!« Männer- und Frauenstimmen.

Das Ganze klingt laut und dennoch verlassen. Es sind einsame, frierende Gestalten dort unten. Kein Wunder, im Januar und tief in der Nacht. Wer weiß, wie lange sie schon durch die Stadt wandern.

Im Haus ist alles still. Christina knipst das Licht an und schaut auf ihre Armbanduhr. Zehn nach zwei. Sie fröstelt. In dieser Nacht beginnt wahrscheinlich der Krieg. Noch bis kurz vor Mitternacht hat sie mit Sebastian alle Kanäle nach neuen Nachrichten abgesucht. Bis Paps ärgerlich geworden ist und »ein Machtwort« gesprochen hat, wie er das nennt. Paps gerät immer schnell in Rage. Und danach tut's ihm leid. Ach ja, es wird Zeit, sich dieses kindische »Paps« und »Mama« abzugewöhnen.

Alle Sprecher hatten darin übereingestimmt, daß der Kriegsausbruch unmittelbar bevorzustehen scheine. Jetzt sind vielleicht schon die ersten Bomben gefallen, liegen die ersten Opfer des Krieges schon unter den Trümmern von Bagdad. Christina erinnert sich wieder an den Traum. An die Kinderhand im Geäst. Und hier schlafen alle.

Nein, Opi schläft sicher nicht. Er braucht wenig Schlaf. Er liegt oft schlaflos und grübelt. Gestern abend war er ganz aufgeregt. Wie Mama gesagt hat: »Krieg? Richtiger Krieg? Den gibt's doch in zivilisierten Breiten gar nicht mehr«, da hat er nur bitter gelacht. Und wie Mama hinzugefügt hat: »Ich bin sicher, im allerletzten Augenblick werden doch alle davor zurückschrecken, genau wie damals bei der Kuba-Krise«, da hat er geknurrt: »Sieht mir eher so aus, als ob's die Menschheit gar nicht erwarten kann, sich auszurotten.«

Paps war der Meinung, daß man diesem Saddam Hussein, wenn er nun mal nicht anders zur Vernunft zu bringen sei, eben mit harter Gewalt begegnen müsse. Denn stoppe man so einen nicht beizeiten, könne er bald noch sehr viel mehr Unheil anrichten. Zum Beispiel eine Atombombe zünden. In bestimmten Situationen seien Kriege unvermeidlich. Verteidigungskriege. Solche Kriege seien sogar gerecht. Und wie Sebastian darauf geantwortet hat: »Der Saddam Hussein nennt seinen Krieg auch gerecht«, hat Paps zu einem langen Vortrag angesetzt. Aber sie, Christina, hat mitten in eine seiner Formulierungspausen hineinposaunt: »Ich finde *alle* Kriege ungerecht!« Und Sebastian ist ihr beigesprungen: »Wir mit unserem runtergewirtschafteten Planeten können uns Kriege auch gar nicht mehr leisten.«

Da ist Paps richtig ausgerastet: »Himmelherrgott, das ist doch alles viel komplizierter, als ihr Weltverbesserer euch einbildet! Der Mensch ist nun mal nicht friedlich. Und versucht man ein Problem zu lösen, schafft man zwei neue!«

Wenn Paps so aufbraust, wird Mama immer ganz unglücklich. Sie ist irgendwie schrecklich harmoniesüchtig. Alle Meinungsverschiedenheiten kehrt sie unter den Teppich, und Mißklänge übergeht sie mit Schweigen. Paps, scheint es, ist ihr dankbar dafür.

Und früher hat sich Christina auch immer in ihre Arme geflüchtet, wenn sie etwas gedrückt hat. Mamas Streichelhand, ihr »Es wird ja alles wieder gut ...« haben zuverlässiger gewirkt als eine Apotheke voller Baldrianpillen. Aber jetzt ist Christina fünfzehn und läßt sich so leicht nicht mehr einschläfern. Sie hebt den Teppich hoch und zeigt auf das Druntergekehrte, jawohl!

Was für eine Nacht! Am liebsten würde Christina durchs Haus laufen und auch »Aufwachen, aufwachen!« schreien. Aber damit würde sie Mama erschrecken und Paps wütend machen. Und so schleicht sie sich die Treppe hinunter ins Wohnzimmer, stellt den Fernseher auf leise und schaltet ihn ein. Schon nach dem dritten Satz begreift sie: Der Krieg hat wirklich begonnen.

Auf dem Bildschirm erscheinen amerikanische Bomber, die sich wie riesige Monster übers Rollfeld schieben. Archivbilder aus dem Irak-Iran-Krieg werden gezeigt: irakische Panzer. Nur die jungen Gesichter der Panzersoldaten wirken menschlich. Aber die Soldaten klettern in die Panzer, ihre Gesichter verschwinden, Klappe zu. Wie riesige Science-fiction-Ungeheuer setzen sich die Panzer in Bewegung. Bildwechsel. Jetzt wird ein israelisches Elternpaar mit vier kleinen Kindern und den Großeltern vorgeführt, ein rührendes Familienbild vor geblümter Tapete – wenn nicht alle ihre Gasmasken aufhätten und angsteinflößenden Rieseninsekten ähnelten.

Christina zieht die Knie bis ans Kinn. Zusammengefaltet wie ein Embryo hockt sie auf Opis Fernsehsessel. Sogar die Sprache des Krieges wird unmenschlich, denkt sie. Wie gehen den Nachrichtensprechern und Reportern doch Wörter wie »Einsätze«, »Verluste« und »Begleitschäden« über die Lippen! Dabei schmecken sie alle nach Tod.

Christina hat schon oft in den Nachrichten schreckliche Kriegsbilder gesehen. Aber Krieg war ihr bisher immer als etwas sehr, sehr Fernes erschienen. Irgendwo auf der Welt, weit weg von hier, seltsam unwirklich. Wie der Krieg, von dem Opi immer erzählt. Fern in der Vergangenheit. Als Christina noch in den Kindergarten ging, stellte sie sich vor, er habe etwa zur gleichen Zeit wie die Geschichte vom Wolf und den sieben Geißlein stattgefunden.

Jetzt weiß Christina längst, wo der Golf liegt und wann in Deutschland der letzte Krieg gewütet hat. Und sie weiß Bescheid über die Ozonlöcher und den Treibhauseffekt, die sterbenden Wälder und das absinkende Grundwasser, die wachsenden Wüsten und das Elend der Menschen in der dritten Welt.

Und jetzt *das*!

Der Nachrichtensprecher beginnt sich zu wiederholen. Er hat noch nicht viel mehr zu melden als pausenlose Einsätze der alliierten Bomberstaffeln. Berichte vom Vortag werden eingeschoben. Christina schaltet ab. Sie weiß genug.

»Auf-wachen, auf-wachen!« sagt sie fröstelnd im Rhythmus des Studentenchors. Sie überlegt, ob sie Mama und Paps wecken soll. Aber die würden wohl nur geweckt werden wollen, wenn die Bomber auf die eigene Stadt zuflögen. Die Nachtruhe ist ihnen heilig. Die Tagruhe auch.

»Aufwachen – aufwachen!« Sie denkt an Sebastian, ihren Bruder. In manchen Dingen ist er zwar unerträglich, aber er hat gestern mit ihr vor dem Fernseher ausgehalten, bis Paps energisch geworden ist. Über die Gedichte, die sie manchmal schreibt, macht er sich lustig; aber er beugt sich täglich mindestens viermal über die Abfalleimer in der Küche und kontrolliert, ob alles richtig sortiert worden ist. Er kann so lachhaft cool-überlegen tun und viel zu albern für seine vierzehn Jahre sein, aber als Omi im vergangenen Sommer gestorben ist, hat er schrecklich geweint.

Christina geht leise in sein Zimmer. Es ist schwierig, ihn wachzukriegen. Eher könnte man einen Sandsack dazu bringen, sich aufzurichten. Er knurrt und stöhnt. Wahrscheinlich denkt er, es sei schon Zeit zum Aufstehen und Mama käme ihn wecken, weil das Bad frei ist. Aber als er Christina erkennt, wird er hellwach.

»Hat er angefangen?« flüstert er.

»Ja«, flüstert Christina zurück. »Sie bomben schon.«

Sie laufen auf Zehenspitzen ins Wohnzimmer, kauern sich auf das Sofa und hüllen sich gemeinsam in die Sofadecke. Jetzt friert Christina nicht mehr. Sie ist ja nicht mehr allein.

»Wir müssen aufwachen«, flüstert sie.

»Sind wir doch«, flüstert Sebastian verwundert zurück.

»Ich meine«, erklärt Christina, »wir müssen was machen. Was Großes. Was die ganze Stadt aufhorchen läßt. Irgendwas gegen den Krieg.«

»Morgen sollte keine Schule sein«, meint Sebastian. Er schaut auf seine Uhr und verbessert sich: »Heute.« Und nach einer Pause setzt er hinzu: »Alle müßten durch die Stadt ziehen. Mindestens alle Schüler.«

Christina denkt nach. Dann sagt sie: »Das erlaubt der Rex nie.«

»Der kann uns doch nicht halten«, flüstert Sebastian.

Christina nickt. Nein, das kann er nicht. Und sie ist Klassensprecherin. Sie muß sich Gedanken machen, muß sich was einfallen lassen, muß Vorschläge machen, Anstöße geben können. Das erwarten die anderen von ihr.

Die TV-Sprecher wirken übermüdet. Und immer wieder brechen Leitungen zusammen, sieht man das Bild, aber der Ton fehlt, hört man den Ton, aber das Bild taucht nicht auf. Hörer ans Ohr, Hörer wieder weg, Experte hin, Experte her, und ein Versprecher nach dem anderen. Schon rollt die nächste Einsatzwelle. Volk jubelt dem amerikanischen Präsidenten zu, Volk jubelt dem irakischen Diktator zu. Merkwürdig nur, daß keine Opfer zu sehen sind. Fließt in diesem Krieg denn überhaupt kein Blut?

Christina spürt, wie ihr jemand die Wange tätschelt. Mama. »Was tut ihr denn hier?« fragt sie.

Es ist Viertel vor sieben. Und nun wird auch Sebastian wach.

»Es ist Krieg, Mama«, sagt er verschlafen.

»Mich so zu erschrecken«, sagt Mama. »Ich komm in eure Zimmer – und niemand da!«

»Es ist Krieg!« sagt Christina laut.

»Und nachher in der Schule schlaft ihr ein!« schimpft Mama. »Wenn Paps das erfährt, gibt's ein Donnerwetter.«

Christina schaltet den Fernseher wieder an, den Mama offenbar ausgeschaltet hat. Er ist noch warm. Während Sebastian im Bad verschwindet, dröhnt die Stimme eines Experten durch die Wohnung.

»Furchtbar«, sagt Mama, die gerade das Kaffeewasser aufsetzt. »Man hat doch gehofft, daß in letzter Minute ...«

»... ein Wunder geschieht?« fragt Christina.

»... die Vernunft siegt«, antwortet Mama. Dann deckt sie den Tisch.

Das Telefon schrillt, und Mama empört sich sanft. Wer ruft zu so einer Zeit an? Christina nimmt ab. Es ist Hannes.

»Du«, sagt er, »wir müßten was machen.«

»Hab ich auch gedacht«, flüstert sie in die Muschel.

Sie tuscheln eine Weile miteinander, bis Sebastian aus dem Bad kommt. Er rennt Mama fast über den Haufen: Sie steht gebannt mitten im Wohnzimmer und verfolgt die Sieben-Uhr-Nachrichten. Doch plötzlich schreit sie: »Die Eier!« und rennt in die Küche.

Christina huscht ins Bad, läßt aber die Tür einen Spalt auf, weil sie von den Nachrichten nichts versäumen will. Jemand dreht den Fernseher leiser, als sie mitten im Strahl steht. Das Telefon schrillt. Sie hört Sebastian sprechen, wieder auflegen, hört Mama sagen: »Ich möchte nicht Mutter eines amerikanischen Soldaten sein. Was müssen die jetzt für Ängste durchmachen!«

»Und was ist mit den Müttern der Irakis?« tönt Sebastians Stimme. »Und mit den irakischen Kindern?«

»Ja, ja«, antwortet Mamas Stimme gequält, »du hast ja recht. Man kann gar nicht gleichzeitig an so viele denken ...«

Und schon wieder das Telefon. Sebastian spricht, legt auf. Ein neuer Anruf. »Christina, für dich!«

Paps' knurrige Morgenstimme mischt sich in den Lärm. Er klopft ungeduldig an die Badezimmertür. Hastig streift Christina den Bademantel über und saust hinaus. Es ist Verena. »Wir können das doch nicht einfach so geschehen lassen«, sagt sie. »Wir müssen protestieren ...!«

Transparente? Great! Verena kann Bambusrohre mitbringen, zwei Meter lang, sie haben ein Blumengeschäft. Christina wird vorbeikommen und tragen helfen. »Tschüs, bis gleich!« Verena will noch etwas sagen, aber Sebastian boxt Christina in die Seite: »Mach, ich muß auch noch mal!« Aus der Küche ruft Mama: »Der Kaffee wird kalt!« Und eine Sprecherin auf der Mattscheibe zeigt mit wortreichem Kommentar eine Kirche rappelvoll mit Betern.

Christina stürzt eine Tasse Kaffee hinunter und rennt dann die Treppe hinauf, um sich fertigzumachen. Zu den Büchern stopft sie Wachsmalstifte, Nähzeug, Bindfäden, Stecknadeln in die Mappe. Rasch mit dem Kamm durchs Haar! Heute darf es ruhig zu Berge stehen, paßt ja irgendwie zur politischen Lage.

Das Telefon schrillt. »Christina!«

Sie rast hinunter. Julia. Die erzählt hastig, daß ihre Familie schon seit sechs Uhr Transparente malt. Sie bringt sie mit.

Christina ruft Simone an. Die verspricht einen Stapel altmodischer Bettlaken. Ihre Mutter verwendet nur noch Spannbettücher. Und dann noch schnell Annekatrin. Sie soll Eddingstifte aus der Spedition ihres Vaters mitbringen.

»Frühstücken!« brüllt Paps, daß die Lampe zittert. Er würde wahrscheinlich noch pünktlich zum Frühstück rufen, wenn die Sintflut schon rings ums Haus plätscherte! Sebastian kommt in großen Sprüngen die Treppe herunter und stürzt an den

Tisch. Mama entdeckt, daß sein Haar noch triefnaß ist. Sie rubbelt ihm den Kopf, während er sich eine Toastscheibe in den Mund stopft und Ei löffelt. Paps verfolgt kauend das Geschehen auf der Mattscheibe und wird ärgerlich, weil Christina noch immer nicht am Tisch sitzt. Aber sie hat unbedingt noch schnell Gregor anrufen müssen. Der hat oft so gute Ideen.

Und dann sitzt sie vor dem Frühstücksteller und hat keinen Appetit.

»Wenigstens das Ei!« sagt Mama. »Ei ist gut fürs Denken.« Diese unbewiesenen Eltern-Behauptungen immer!

Paps brütet vor sich hin. »Das wird Folgen haben«, sagt er düster. »Dollar runter, Benzinpreise rauf ...«

»Und sonst hast du keine Sorgen?« ruft Christina empört. »Es ist Krieg – dort kommen Menschen um!«

»Das weiß ich«, sagt Paps, und man merkt, er bemüht sich, ruhig zu bleiben. »Das weiß ich, und trotzdem wird es noch erlaubt sein, sich über die Folgen dieses Krieges *für uns* Gedanken zu machen.«

»Du denkst bei allem nur an die Folgen für uns und für morgen«, schreit Sebastian. »Aber daß du auch für andere und für übermorgen Verantwortung hast, daran denkst du nicht!«

Opi erscheint im Morgenmantel in der Tür. Opi

frühstückt immer nach den anderen, weil er Hektik nicht ausstehen kann, aber heute ist er früher dran als sonst. »Hat er angefangen?« fragt er.

»Wer?« fragt Mama zerstreut.

»Er hat, Opi«, sagt Christina.

»Mein Gott«, stöhnt er, »sie sind alle wahnsinnig geworden.«

»Noch Kaffee?« fragt Mama. Niemand gibt Antwort, keiner hört zu.

»Ihr könnt so reden, weil ihr das Leben noch gar nicht kennt«, gibt Paps Sebastian zur Antwort. »Meinst du, ich hätte nicht auch gern ewigen Frieden? Aber die Verhältnisse sind nun mal nicht so! Krieg ist nicht immer zu vermeiden.«

»Wir sitzen alle in einem Boot, wir Menschen«, sagt Opi ruhig. »Christ und Moslem, Weißer und Schwarzer. Und in einem Boot, das jeden Augenblick zu kentern droht, würdest du keine Rauferei anfangen. Auch nicht, wenn dir einer gerade eine Ohrfeige verpaßt hat.«

»Der Vergleich hinkt.«

»Unwesentlich. Dieser Krieg wird die Umwelt schwer belasten, und viel Spielraum auf dem Gebiet haben wir nicht mehr.«

»Was wir in diesem Krieg auch tun«, sagt Paps müde, »wir werden schuldig. Saddam Hussein lauert nur darauf, die Israelis anzugreifen.« Er hustet. »Soll man ihm dabei untätig zuschauen?«

»Ich bin nicht gegen die Amerikaner«, sagt

Christina, »und schon gar nicht gegen Israel. Aber ich bin gegen ein massenweises Umbringen. Dabei will *ich* nicht untätig zuschauen –«

»– vor dem Fernseher, mit Kartoffelchips!« ruft Sebastian dazwischen.

»– und darum«, fährt Christina fort, »werde ich was tun. Wenn du's genau wissen willst, Paps: Ich halte in dem Krieg zu den Kindern! Egal, zu welchem Volk sie gehören!«

»Ändern wird das auch nichts mehr«, sagt Mama.

»Nein, aber ich hab wenigstens den Mund aufgemacht!« antwortet ihr Christina.

»Neandertaler«, sagt Sebastian trocken. »Ihr Erwachsenen führt euch auf wie Neandertaler. Lauter Gedrohe und Imponiergehabe, fehlen nur die Keulen. Ich sag euch was: Eines Tages wird man sich Krieg gar nicht mehr vorstellen können. Und über euch kriegerische Urahnen wird man nur noch die Köpfe schütteln!«

»Krieg wird's immer geben«, sagt Paps, der gar nicht merkt, wie lange er schon seinen Toast vor dem Mund hält, ohne reinzubeißen.

»Aber ohne uns!« sagt Christina, und Sebastian nickt zur Bestätigung. Dann wendet sie sich an Opi: »Hat dich heute das Wacht-auf-Geschrei auch geweckt?«

Opi schüttelt den Kopf. Er hat sowieso wach gelegen. Paps will wissen, was da los war. Er und

Mama haben kein Geschrei gehört. Natürlich nicht.

»Komm auch frühstücken, Opi«, sagt Mama.

Aber Opi will nicht.

»Darf ich deine Posaune mit in die Schule nehmen?« fragt Sebastian.

Opi schaut überrascht auf. »Demo?« fragt er.

Sebastian legt den Finger auf den Mund, aber so, daß Paps es auch bestimmt sehen kann. Der seufzt und sagt: »Macht keinen Quatsch!« Er will noch etwas sagen, doch Opi kommt ihm zuvor: »Hol sie dir«, sagt er. »Du weißt ja, wo sie ist.«

Sebastian springt auf und holt den Posaunenkasten aus Opis Zimmer. Als er zurückkommt, drückt er Opi einen Kuß auf die Backe.

»Dann blas man schön laut, mein Junge«, sagt Opi. »Daß ihnen die Ohren dröhnen.« Dann schlurft er in den Flur. Er steht neben der Haustür, während die Kinder in ihre Jacken schlüpfen.

»Tschüs!« ruft Christina und hört Mama nervös antworten: »Kommt nach der Schule gleich heim!« Sie schließt schnell die Wohnzimmertür. Gleich wird auch Paps herauskommen. Er fährt immer kurz nach ihnen ab.

»Wann geht's los und wo?« fragt Opi.

Doch da kommt schon Mama in den Flur: »Habt ihr die Mützen auf?« Sie reicht Christina die dicke, wollene, grellgrüne Mütze, die so unglaublich dehnbar ist, daß man sie mühelos über fünf

Köpfe zugleich ziehen könnte. In solchen Dingen ist Mama eisern. Und auch Sebastian muß den blöden Ohrenklappendeckel aufsetzen. So. Jetzt hat Mama ihren Seelenfrieden und geht zu Paps zurück.

»Halb zehn von unserer Schule aus«, sagt Sebastian, und Christina fügt hinzu: »Wenn alles so klappt, wie wir planen.«

Da fällt ihr der Fotoapparat ein. Den muß sie mitnehmen! Diese Demo gehört in die Schülerzeitung, und wer weiß, ob jemand anderer ans Fotografieren denkt. Also noch mal hinauf, den Apparat schnappen, einen Ersatzfilm dazu, zwei Stufen auf einmal, die Treppe wieder runter.

Aus dem Wohnzimmer tönt Paps' Stimme: »Ihr habt gehört, was eure Mutter gesagt hat!«

Jetzt noch schnell in die Stiefel!

»Gut«, sagt Opi, »das finde ich richtig gut. Hätt ich euch Wohlstandspflänzchen gar nicht zugetraut. Laßt euch nicht einschüchtern, hört ihr?«

»Wir leben in einer Demokratie, sagt unser Politiklehrer immer.« Wie Christina das sagt, ist Sebastian richtig stolz auf sie. So redet eine Klassensprecherin, denkt er. Nur sagen würde er das natürlich nicht.

»Bis nachher, Opi!« ruft Christina schon vom Gartentor, während Sebastian seine Mütze hinter der Mülltonne versteckt.

Opi wird kommen, das steht fest. Klein und wie

zerknittert steht er in der Haustür, einundsiebzig Jahre alt. Den ganzen Zweiten Weltkrieg hat er als Soldat mitmachen müssen, hat eine tiefe Narbe in der Stirn und Granatsplitter im Ellbogen. Ihn hat der Krieg um seine halbe Jugend gebracht. Und um die halbe Zukunft: Er hatte toll Klavier spielen können, hatte Musik studieren wollen, um später die Musikschule seiner Eltern zu übernehmen. Aber die wurde ausgebombt. Und nach dem Krieg war's auch aus mit dem Klavierspielen, wegen der Granatsplitter. Die stachen und stechen noch immer in den ungelegensten Augenblicken. Und kein Arzt traut sich, sie herauszuoperieren. Außerdem hatte er nach dem Krieg ja auch kein Geld. Da hat's nur zu einer Posaune gelangt. Das war sein zweitliebstes Instrument. Und er ist Beamter im Städtischen Einwohnermeldeamt geworden. Aus seiner Abiturklasse, die damals noch eine reine Jungenklasse war, sind von dreiundzwanzig Schülern elf gefallen. Wenn Opi an sie denkt, wird er wütend. »Wofür sind sie gestorben?« ruft er dann. »Fürs Vaterland? Unsinn! Für nichts! In jedem Krieg wird die Jugend verheizt. Weil sie zu vertrauensselig ist und auf jeden Schwindel hereinfällt.«

Erst gestern, bei der bangen Warterei auf den Krieg, hat er wieder mit diesem Thema angefangen: »Jetzt sollen die armen Teufel aus Amerika ihre Haut für anderer Leute Interessen zu Markte tragen. Genauso wie die armen Luder im Irak. Verdammt noch mal, kein Krieg löst Probleme! Auch dieser nicht. Darauf wette ich!« Wenn er so in Rage kommt, stampft er durchs Haus und wirft Türen zu.

Mama ist Omi viel ähnlicher als ihm. Omi war auch immer so harmoniesüchtig. Wie Mama schreckte sie nicht vor kleinen Schwindeleien zurück, wenn sie nur dem Frieden dienten.

Christina mag diese Art von Frieden nicht. Ihr liegt Opis Art viel mehr. Der macht sich gar nichts daraus, sich mit den Leuten anzulegen, wenn's um die Wahrheit geht. Sogar mit dem Pfarrer hat er sich mal angelegt. Um die Abtreibungsfrage war's da gegangen, und Opi hatte zu ihm gesagt: »Wäre es nicht Pflicht und Aufgabe der Kirche, sich für den Schutz des *geborenen* Lebens genauso stark zu machen wie für den des ungeborenen? Wenn ich so an die letzten Kriege denke, finde ich, sie hat sich da sehr zurückgehalten.« Opi ist schwer in Ordnung.

Der Eingang zur Gärtnerei von Verenas Eltern liegt am Schulweg. Verena wartet schon. Neben ihr lehnen die Bambusrohre am Zaun. Jeder der drei legt sich ein paar von den Dingern über die Schulter, und dann geht's im Trab zur Schule, Sebastian vorneweg. Als er unverhofft stehenbleibt, spießt sich eines seiner Rohre in Christinas Mütze und zieht sie ihr vom Kopf. Christina streift sie vom Rohr ab und gibt sie dem Bruder: »Steck sie ein, ja? Du hast größere Taschen in deinem Anorak. Und sag vorher, wenn du ein Päuschen brauchst. Ich möcht meine Augen noch eine Weile behalten.«

Die Mütze ist so dick, daß ein Zipfel von ihr grellgrün aus Sebastians Tasche quillt. Immer diese Mützen! Mit bloßem Kopf kann Christina viel besser denken. Aber es wird ein grauer, kalter Tag. Vielleicht geht's jemand anderem genau umgekehrt, und sie kann ihm die Mütze leihen.

»Ist dir auch so unheimlich zumute?« fragt Verena.

Dann kommen sie, beladen mit Stangen, Taschen und Posaune, in der Schule an. Die Zeit reicht gerade noch, um in der Treffecke im Atrium mit den anderen von der Schülerselbstverwaltung das Wichtigste abzusprechen. Ein paar Schüler aus der Oberstufe sind schon eine halbe Stunde früher dagewesen und haben alles durchgeplant: die ersten beiden Unterrichtsstunden Vorbereitung, dann Aufbruch. Schnell noch möglichst viele Transparente malen. Alles mitnehmen, womit man Trommelgeräusche machen kann. Aber keinen Karneval!

»Klar«, sagt Christina.

Der Zug soll über die Adenauer-Allee auf den Berliner Platz ziehen, von dort über die Wallgrabenstraße, die Heinrich-Heine-Straße, die Kirchgasse, die Fußgängerzone am Gänsemarkt, die Bäkkergasse, die Goethestraße und die Laubengasse zum Rathausplatz. Es geht also in einem großen Kreis durch die Innenstadt. Der lange Georg aus der 11 B hat sich die Route gleich in der Nacht ausgedacht und in eine Stadtkarte eingezeichnet. Sie wurde geprüft und für gut befunden. Die Kundgebung anmelden? Genehmigen lassen? Dazu ist es viel zu spät. Die Demo muß *heute* stattfinden, nicht irgendwann in der nächsten Woche!

»Wir sind noch nicht straffähig«, meint Georg. »Wir dürfen alles.«

Vor dem Reiterdenkmal auf dem Rathausplatz soll dann eine kleine Kundgebung stattfinden. Natürlich wird zuerst ein Schüler sprechen. Jemand, dem die Nerven nicht flattern. Danach soll ein Lehrer ein paar Worte sagen. Aber einer, der wirklich glaubhaft ist. Zum Beispiel der Blaubart, der Deutsch und Gesellschaftskunde gibt und schon eine ganze Projektwoche zum Thema Frieden und eine Schüler-Friedensreise in die UdSSR organisiert hat. Auf jeder Friedensdemo latscht der mit, und auf seiner Aktentasche klebt das Friedenszeichen. In der Schülerzeitung hat mal einer geschrieben, daß er sich wahrscheinlich jeden Morgen Friedensextrakt in sein Müsli rührt.

»Aber der kann nicht gut reden«, gibt Verena zu bedenken. Sie ist Klassensprecherin von Christinas

Parallelklasse. »Warum bitten wir nicht den Rex darum? *Der* ist doch schließlich der Boß. Und reden kann er, das muß man ihm lassen.«

Der Rex? Eine aus der Zwölften hat ihn mal an die Tafel gemalt: wie er sich affenartig an einen riesigen Paragraphen klammert, der im Nichts schwebt, und von da ängstlich in die Tiefe starrt. Die Zeichnerin wäre fast von der Schule geflogen!

Susanne aus dem Abi-Jahrgang schüttelt energisch den Kopf. »Wollt ihr etwa eine Einerseits-andererseits-hinwiederum-und-nichtsdestotrotz-Rede? Der stellt sich doch glatt hin und sagt, Frieden sei ja grundsätzlich anzustreben, in diesem Fall aber lägen die Dinge nun mal bla-bla-bla.«

Puh, nein! Sie entschließen sich, die Lehrer-Rednerfrage erst mal auszuklammern. Für die Eltern zu sprechen, hat sich schon Georgs Mutter bereit erklärt. Sie ist im Elternbeirat. Und vielleicht kann man auch einen Vertreter der Stadt dazu bringen, ein paar Worte zu sagen. Immerhin hat das Heinrich-Böll-Gymnasium über tausend Schüler. Die werden auf dem Rathausplatz nicht zu übersehen sein. Überhaupt Heinrich Böll: der hätte zu dem Krieg auch ein paar Worte zu sagen gehabt!

»Wir müssen in die Zeitung«, sagt Sebastian. »Damit auch die davon erfahren, die uns nicht auf der Straße begegnen.«

Simones Vater ist Redakteur beim MORGEN-KURIER. Sie soll ihn anrufen, sobald es sicher ist, daß der Rex die Erlaubnis gibt. Georg und Susanne wollen mit ihm reden. Das Problem ist bloß, niemand kann sich vorstellen, daß er die Erlaubnis auch wirklich und freiwillig gibt. Er wird wahrscheinlich eine Reihe von Gründen aufzählen, warum nicht: daß er die Verantwortung für die Schüler seiner Schule trägt, daß wertvolle Unterrichtszeit verlorenginge; daß die Schüler während der Demo nicht versichert wären. Und so weiter.

»Wir dürfen die Demo erst gar nicht von seiner Erlaubnis abhängig machen«, sagt ein Junge, dessen Namen Christina nicht kennt. »Er kann uns nicht festhalten, wenn wir einfach rausgehen, und er kann uns hinterher auch nicht alle bestrafen. Damit würde er sich nur lächerlich machen.«

»Trotzdem gehen wir ihn fragen«, sagt Susanne. »Damit er nachher nicht sagen kann, er hätte sie uns erlaubt, wenn er nur gefragt worden wäre. Um halb zehn geht's also los – so oder so.«

Alles klar. Sie stieben auseinander.

Der Unterricht hat schon längst begonnen. In Christinas Klassenraum sind die Tische in einer Ecke aufgestapelt. Die ganze Klasse hat sich auf dem Fußboden niedergelassen und schreibt Sprüche auf Simones Laken. WIR LERNEN NICHT FÜR DEN TOD steht schon da, und Ralf malt gerade einen Rahmen aus lauter Ausrufezeichen.

Frau Enderlich, der jungen Biologielehrerin, geht diese Stunde für ihren Stoff verloren. Aber sie nimmt's gelassen. »Sie hat uns sofort malen lassen, ohne Wenn und Aber!« flüstert Simone Christina zu. »Sie hat uns sogar Friedenstexte rangeschafft. Aber wir machen uns unsere Texte allein.« Und sie malt mit großem Schwung auf ihr Laken: KEINER HAT UNS ANGESTIFTET!

Hannes hat eine knallrote Fahne mitgebracht. Sei wahrscheinlich mal eine Hakenkreuzfahne gewesen, erklärt er, jedenfalls aus dem Nachlaß seiner Großeltern. Tatsächlich sieht es aus, als hätte man in der Mitte etwas Kreisförmiges abgetrennt. Jetzt zeichnet Hannes auf die Fahne einen riesigen Totenkopf, ganz in Schwarz, mit einem von Annekatrins Eddingstiften. Sieht unheimlich stark aus, finden alle.

Christina flitzt in die Nachbarklasse. Drüben malen sie auch, aber auf Pappe. Sie haben nur zwei Laken. Die dicke Leutkirchner sitzt hinter ihrem Pult und liest. »Sie stellt sich tot«, flüstert Verena.

Als Christina in ihre Klasse zurückkommt, fragen Gerd und Gregor Frau Enderlich gerade, ob sie das Menschenskelett aus dem Biologie-Lehrmittelzimmer mit auf die Demo nehmen dürfen. Sie versprechen hoch und heilig, es unbeschadet wieder zurückzubringen. Da schließt sie ihnen das Lehrmittelzimmer auf. Als die Jungen mit dem Gerippe zurückkommen, gibt es ausnahmsweise keine albernen Sprüche. Es wird totenstill.

Gregor und Gerd berichten, daß sie dem Rex

begegnet seien. Gott sei Dank auf dem Hinweg. Er habe Frau Enderlich angehalten und ihr gesagt, eine Schülerdemo auf der Straße komme nicht in Frage. Aber gegen eine kurze Kundgebung im Atrium habe er nichts einzuwenden. Diese Information werde er noch durchgeben.

Im Atrium? Aber dann ist es doch gar keine richtige Demo mehr! Die da draußen sind es doch, die erfahren sollen, wie die Kinder, die Schüler über diesen Krieg denken! Aufgeregtes Getuschel über den Laken. Nein, nicht im Atrium. Hinaus auf die Straße!

»Und was meinen Sie dazu, Frau Enderlich?«

»Wo ein Wille, da ein Weg«, antwortet sie und schaut an die Decke. Das heißt, sie steht auf der Seite der Schüler. Und die beschließen: Es bleibt bei der Straßendemo.

Gerd und Gregor, die dem Knochenmann sonst die Zigarette zwischen die Zähne schieben, haben sich etwas Neues ausgedacht: Sie hängen dem Skelett je eine große Papptafel auf Brust und Rücken. Auf der vorderen steht: LIEBE MUTTI, ICH WAR DEIN SOHN PAUL, auf der hinteren: MIT 18 JAHREN VERRECKT IM ZWEITEN WELTKRIEG.

Christina hilft, Säume an die Schmalseiten der Laken zu sticheln. Da sollen die Stöcke hineingeschoben werden. Von allen Seiten wird nach ihrem Nähzeug, ihrer Schnur verlangt.

Julia hat sieben Transparente mitgebracht, alle fix und fertig gemalt. Kein Kunststück: ihre Mutter ist Kunsterzieherin, ihr Vater Grafiker. Die fahren ein paarmal mit ihren Pinseln über den Stoff, und schon ist Kunst auf dem Laken. Christina erkennt einen fiesen Managertyp in feinem Outfit, der Raketen und Giftgas verkauft und sich grinsend ganze Packen von Geldscheinen einsteckt. Auf einem anderen Laken sieht sie eine Wippe mit einem schweren Lastwagen voller Raketen auf der Seite, wo sie sich senkt, und hohläugigen Kindern mit Hungerbäuchen auf der Seite, wo sie sich hebt. Die Kinder klammern sich verzweifelt an der Wippe fest und müssen doch jeden Augenblick stürzen. Auf einem dritten Laken breitet sich ein Meer aus, schwarz von Öl. Mitten darin ragt eine winzige Insel, rund wie der Globus, aus der widerlichen Schmiere. Darauf steht ein kleines Kind und breitet hilfesuchend die Arme aus.

Aber noch besser gefallen Christina die Transparente, deren Texte und Zeichnungen nicht von den Eltern, sondern von den Kindern stammen. Zum Beispiel der Spruch von Matthias: MANNA HABEN WIR GENUG – HERR, LASS HIRN REGNEN! Er ist bibelfest. Sein Vater ist der Pfarrer, mit dem sich Opi gestritten hat.

Noch zehn Minuten. Christina stichelt immer noch. Es herrscht kein heiterer Lärm im Raum, sondern gedrückte Stimmung.

»Es ist alles irgendwie anders«, flüstert ihr die kleine Marie Jamnetz mit den dicken Brillengläsern zu. »Wie der Anfang vom Ende ...« Marie. Schwach in Mathe, Chemie und Physik. Aber wunderschöne Gedichte kann sie schreiben. Viel schönere als Christina. Auf der Klassenfahrt in den Schwarzwald hat sie bei jeder kleinsten Aufregung Fieber gekriegt. »Unser Seismograph« hat Frau Enderlich sie genannt.

Und dort drüben sitzt Cengiz, der Kurde aus der Türkei. Er stützt den Kopf in die Hände und starrt auf seinen Tisch. Frau Enderlich geht zu ihm hinüber und spricht ihn an. Er hebt den Kopf. Was mag in ihm vorgehen? Die Türkei grenzt an den Irak. Christina glaubt sich erinnern zu können, daß er einmal von Verwandten jenseits der Grenze gesprochen hat.

»Wie schnell kann der Krieg bei uns sein«, flüstert Marie neben ihr. »Der ist doch wie Feuer, das sich ausbreitet ...«

»Ich glaube nicht, daß er zu uns kommt«, sagt Christina. »Aber es könnte passieren, daß unsere Soldaten zu ihm hinmüssen.«

Marie wirft ihr einen erschrockenen Blick zu. Sie hat einen Bruder bei der Bundeswehr.

Drei Jungen laufen hinaus, kommen mit Coca-Cola-Büchsen zurück, die sie aus dem Müll gefischt haben. Sie schlagen mit Taschenmessern daran und üben rhythmischen Gleichklang. »Nebenan haben sie Büchsen halb mit Kies gefüllt, die schütteln sie«, berichten sie. »Klingt gut.«

Der Hausmeister geht vorbei, steckt den Kopf zur Tür herein, schüttelt ihn, verschwindet wieder. Noch fünf Minuten. Da schallt die Durchsage aus dem Lautsprecherquadrat – der Rex selber: »Liebe Schülerinnen und Schüler! Ihr begebt euch nach der zweiten Stunde ins Atrium, wo unter Leitung von Herrn Sonnemann eine Veranstaltung zu den Ereignissen am Golf stattfinden wird, auf der ihr eure Empfindungen und Anliegen äußern könnt ...«

Kaum ist das letzte Wort verklungen, bricht die ganze Klasse in Buhrufe aus. Auch aus den anderen Klassen schallt wilder Protestlärm herein. Nein, nicht im Atrium! Und wieso Herr Sonnemann? Er ist stellvertretender Schulleiter. Die Schüler leiten ihre Demo selber – und zwar draußen!

Hastig malt Annekatrin ihr Transparent fertig: einen Regenbogen, darunter nur drei Wörter: TRAUM VOM FRIEDEN.

Da schellt es. Alle greifen zu den Transparenten, zu den Büchsen, das Skelett schwankt durch den Raum. Schnell die Jacken an, Mützen auf, es ist ja Winter. Schon drängen andere Klassen mit Fahnen und Transparenten auf den Haupteingang zu. Christina entdeckt Sebastian mit der Posaune. Frau Enderlich angelt einen heulenden Knirps aus dem Getümmel. Ein ganzes Rudel von Lehrern ist plötzlich da, ein paar von ihnen rudern mit den Armen, deuten zum Atrium hinüber, versuchen den Lärm zu überbrüllen: »Dort hinein!« Andere stehen hilflos an der Wand, offensichtlich unschlüssig, was zu tun sei. Im Hintergrund taucht der Blaubart auf, hinter ihm Sonnemann: Sunnyboy, der ewig Strahlende.

Christina ist wie vor den Kopf geschlagen. Ihre Gedanken wirbeln durcheinander. Gehen wir jetzt doch zu weit, fragt sie sich. Gewiß, noch nie, solange sie sich erinnern kann, sind die Schüler während der Unterrichtszeit demonstrieren gegangen. Allerdings kann sie sich erinnern, daß vor nicht allzu langer Zeit französische Schüler demonstriert haben. Aber dabei ging es um die schulischen Zustände in Frankreich, das ist etwas ganz anderes.

Andererseits: Daß Schüler in unserem Land bisher noch nicht in Massen demonstriert haben, sagt sich Christina, kann doch nicht heißen, daß sie es nicht tun, wenn etwas so Unerhörtes wie dieser Golfkrieg geschieht! Damals, als Hitler seine Truppen nach Polen schickte, überlegt sie, hätten vielleicht auch alle Schüler in Deutschland auf die Straße gehen und protestieren müssen. Aber damals herrschte keine Demokratie in diesem Land, und die Schüler waren nicht dazu erzogen worden, ihren eigenen Willen kundzutun. Sie hatten zu gehorchen. Außerdem waren die meisten von ihnen – das hat Opi an sich selber erlebt und oft davon erzählt – zu Beginn des Zweiten Weltkriegs längst auf den Kurs des »Führers« programmiert.

Aber diese Zeiten sind vorbei, so leicht läßt sich die Jugend nicht mehr verführen! Sie will ihre Meinung zur Politik laut äußern. Dazu ist sie schließlich seit der Grundschule erzogen worden. Haben die Lehrer nicht immer und immer wieder über die politische Mitverantwortung der Bürger eines demokratischen Systems geredet? Manchmal hätte Christina am liebsten laut gerufen: »Verdammt noch mal, ja, wir haben's kapiert! Ihr müßt es nicht tausendmal wiederkäuen!«

Und jetzt ist ein Augenblick da, wo sie zeigen können, die Schüler, daß sie's kapiert haben. Wo sie's in die Tat umsetzen wollen. Jetzt will Christina öffentlich reden, rufen, schreien dürfen! Nicht zwischen Paps und Mama, als Familienwurmfortsatz. Nicht im Atrium vor denen, die sowieso derselben Meinung sind. Sondern draußen – und in eigener Verantwortung.

Vor dem Haupteingang versammeln sich nach und nach alle Schüler, Kleine und Große durcheinander, Lehrer dazwischen. Christina erkennt Sebastians Religionslehrer Wetzel. Der hat sich mit den Eltern seiner Klasse mal angelegt, weil er im Unterricht gesagt haben soll: »Wenn Jesus heute unter uns erschiene, müßte er wahrscheinlich die meiste

Zeit in Irrenhäusern oder Gefängnissen verbringen ...«

Da ist auch die Butterfly, die Riesin, deren Lieblingsmotiv der Schmetterling ist. Vielleicht deshalb, weil sie so gar nichts Schmetterlingshaftes an sich hat? Eine stille Sehnsucht? Daß die Butterfly den Mut hat, mitzumachen – toll!

Auch der Baldur taucht auf, der alte Glatzkopf, der Geschichtler. Weil er so gut wie kein Haar mehr auf dem Kopf hat, trägt er wenigstens einen mächtigen Schnurrbart, frei nach Einstein. Für seinen scheußlichen Vornamen kann er nichts, den haben ihm seine Eltern aufgeladen. Vielleicht ist er deshalb so versessen auf das Thema Drittes Reich. Es vergeht kaum eine Geschichtsstunde, in der er keine Bezüge zum Hitlerregime findet und warnend den Zeigefinger hebt. »Wehret den Anfängen!« ist sein Lieblingsspruch. Er muß doch heute high sein!

Aber der Mathe-Möller fehlt und die Atom-Helene, der kleine Beck, die Leutkirchner und der immer so elegante James – »Same procedure as every year?« –, für den die meisten Mädchen aus Christinas Klasse ohne aufzumucken seitenweise Vokabeln lernen. Monaco-Franze ist auch nicht da, der eingefleischte Junggeselle mit dem speckigen Kragen. Aber der hat schon oft getönt, daß ihn außer französischer Kultur nichts auf der Welt interessiere.

Und der Rex bleibt unsichtbar. Natürlich. Wo aber ist Sigrid, die kleine Sportlehrerin, die alle so nett finden? Die so unlehrerhafte, moderne Ansichten vertritt und sich mit ihrem Vornamen anreden läßt? Sie wäre nicht zu übersehen, denn sie hat immer eine Schar Mädchen um sich. Auch Christina. Gewiß, bei der Demo mitzumachen ist ein gewisses Risiko für sie, denn sie ist noch nicht fest angestellt. Aber dem Blaubart geht's genauso, und der hat noch dazu zwei kleine Kinder. Der ist trotzdem da.

»Auf geht's!« ruft Georg, der die Menge überragt. Er hebt den Arm wie ein Feldherr. Neben ihm schwankt das Skelett.

Christina hat nur den Fotoapparat und die Filme mitgenommen. Jetzt klettert sie auf das Geländer neben dem Zebrastreifen und knipst. Sie merkt, daß sie außer der Butterfly die einzige ist, die fotografiert. Aber die Butterfly ist offensichtlich nur an den Transparenten interessiert. Irrsinnig komisch sieht sie aus, so in der Hocke.

Da entdeckt Christina Opi, halb versteckt hinter einer Hecke. Sie läuft zu ihm hin. Er lächelt ihr entgegen. Ja, Sebastian sei schon bei ihm gewesen. Er schiebt ihr eine Tüte mit Studentenfutter in die Tasche. Das ißt sie so gern. Christina legt den Arm um ihn und drückt ihm einen Kuß auf die Wange.

Dann formieren sich Schüler und Lehrer zu einem langen Zug, und Christina verabschiedet sich hastig von Opi. Der Zug verläßt das Schulgelände und biegt in die Adenauer-Allee ein.

Christina würde am liebsten schreien vor Freude: Was für ein langer Zug! Zwei Trommeln dröhnen. Weiß der Himmel, wer sie wo aufgetrieben hat! Kiesbüchsen klappern im Takt, Taschenmesser klimpern auf Blech. Das Skelett schwankt an der Spitze. Neben ihm erkennt Christina Sebastian mit der Posaune. Er hat nie Posaune blasen gelernt. Er weiß nur, wie man durch Schieben und Ziehen schauerliche Töne erzeugt. Das tut er jetzt mit Hingabe: Töne, die zum Krieg passen.

Simone hastet vorbei. Sie rennt voraus und verschwindet in einem Telefonhäuschen. Her mit der Zeitung!

Dem Skelett folgt ein breites Transparent mit dem Spruch: KINDER DER WELT: EURE MÜTTER HABEN EUCH NICHT FÜR DEN KRIEG GEBOREN!

»Recht habt ihr!« ruft ihnen eine alte Frau vom Straßenrand zu. »Achtzehn Jahre lang haben wir uns abgemüht für unsere Buben, und die Generäle haben sie in ein paar Tagen verheizt.«

Eine Gruppe von Fünftkläßlern hat sich einen Spruch einfallen lassen: »Schmetterling, flieg – wir sind nicht für den Krieg!« Den rufen sie jetzt im Takt. Schrille, junge Stimmen haben sie, die das

Getrommel übertönen. Christina fotografiert die Knirpse. Sie lächeln stolz und schwenken ihr Transparent. Ein großer Schmetterling prangt darauf. Die hatten sicher Kunst bei der Butterfly.

Dann kommen Mädchen, die ein langes, vielbeiniges Ungeheuer führen. Vorneweg geht ein blonder Lockenschopf mit einem Schild, auf dem DAS KRIEGSMONSTER steht. Das Monster hat einen mächtigen Kopf aus Pappmaché. Der ist nicht an diesem Morgen entstanden. Christina erinnert sich: War da nicht kürzlich ein Klassen-Elternabend mit einer Aufführung der Siegfriedsage, getextet von einer siebten Klasse? Mamas Freundin Elli hat ihr Patenkind in dieser Klasse. Deshalb war sie dabei. Es soll köstlich gewesen sein. Zum Totlachen. Die Sage umgesetzt in die heutige Zeit. Elli sagte, als sie davon erzählte, es sei doch komisch: Die Männer gingen heute noch aus genauso unwichtigen Gründen aufeinander los wie damals. – Ein langer, schwarzer Leib aus doppeltbreitem Stoff, zehn Kinder darunter. Nur die Köpfe schauen heraus, und unten die Beine.

Etwa zwanzig Achtkläßler ziehen vorbei. Sie tragen schwefelgelbe Pappschilder auf Brust und Rücken. Darauf steht bei allen das gleiche: NICHT MIT MIR!

Lehrer und Oberstufenschüler gehen längsseits, kümmern sich um Wehwehchen, beantworten

Fragen, achten darauf, daß keiner zurückbleibt, niemand ausschert. Dies ist ja keine angemeldete Demonstration. Kein Polizist regelt für sie den Verkehr und macht die Straße frei. Christina kann sich gut vorstellen, daß den Lehrern ein bißchen mulmig ist.

Die Enderlich teilt Tempos aus. Mal kommen von vorn welche gerannt, mal von hinten. Wo um alles in der Welt hat sie so viele Tempos her? Hat sie noch schnell vor dem Abmarsch im Lehrerzimmer eine Sammlung veranstaltet?

Christina knipst auch die Leute am Wegrand. Die Zuschauer.

»Unglaublich!« ruft ein Mann. »Noch nicht trocken hinter den Ohren, aber die Klappe aufreißen. Ihr versteht doch noch gar nicht, worum's hier geht!«

»Und ob wir das verstehen«, ruft ein sommersprossiger Rotschopf zurück.

Transparente über Transparente. Julias sind die schönsten, aber nicht jeder versteht sie. Man muß erst eine Weile draufgucken, bis einem ihr Sinn aufgeht. Spruchbänder mit WIR GLAUBEN AN DIE FRIEDENSFÄHIGKEIT DES MENSCHEN – GLAUB MIT! oder MAN BRAUCHT VIEL MUT ZUM FRIEDLICHSEIN oder FRIEDEN IN UND FÜR ISRAEL! machen es einem leichter. Da schwanken die Sprüche EUER KRIEG ZERSTÖRT UNSERE ZUKUNFT! und FRIEDEN

DURCH KRIEG? heran. Die sie tragen, sind mindestens aus der Zehnten.

Dann wieder Kleine: In voller Klassenstärke haben sie sich ihre Gesichter grau und die Augenhöhlen schwarz geschminkt. Jedes von ihnen trägt ein Fähnchen – ein DIN-A4-Papier, an einen Stab geklebt – mit dem Wort ANGST!

Hinter ihnen wiegt sich ein großes, weißes Transparent, von Schülern einer Zwölften getragen: KRIEG IST IMMER UNRECHT. Zwischen den schwarzen Wörtern fällt IMMER grellrot ins Auge.

»Daß es so was noch gibt«, sagt eine ältere Dame gerührt. »Und dabei sieht es immer so aus, als hätten sie nichts als ihr Vergnügen im Kopf.«

Und ein sehr alter Herr, der nur noch schrittchenweise vorankommt und von einer jungen Frau geführt wird, fuchtelt mit dem Stock und sagt mit zittriger Stimme: »Schreit nur! Auf euch hören sie vielleicht noch!«

Von den Transparenten ihrer eigenen Klasse macht Christina besonders viele Fotos. In aller Eile wechselt sie den Film und läuft dann einer neunten Klasse nach. Die hat sich lange weiße Gewänder übergezogen, Gewänder des Chors aus dem Sophokles-Drama, das im vergangenen Jahr von der Theater-AG aufgeführt wurde. Jemand muß denen die Requisitenkammer aufgeschlossen haben. Wenn das nicht der Blaubart war! Der spielt doch mit seinen Deutsch-Leuten auch so gern Theater. Die Weißgewandeten tragen ein Transparent mit: WIR SIND DIE TOTEN KINDER IM IRAK.

Eine Polizeisirene nähert sich. Zwei Polizeiwagen brausen heran, stoppen. Mehrere Polizisten steigen aus und verteilen sich längs des Zuges, begleiten ihn. Ein elf-, vielleicht zwölfjähriges Mädchen mit einem kessen Pferdeschwanz hüpft aus dem Zug, hakt sich bei einem Polizisten unter, greift ihm in die Manteltasche, zieht sein Taschentuch heraus und schneuzt sich ausgiebig hinein. Seine Tochter? Er sagt etwas zu ihr, was Christina nicht hören kann, schiebt sie wieder in den Zug zurück und reicht ihr etwas hinüber, was sie in den Mund steckt.

»Die hat uns der Rex nachgeschickt«, hört Christina jemanden sagen.

Aber sie findet, daß der Rex in dieser Sache richtig gehandelt hat. Über tausend Kinder dicht neben dem Verkehr, der in Richtung Innenstadt rollt – das ist doch eine ganz schön riskante Sache. Wenn da was passiert! Da muß dein Freund und Helfer schon in Aktion treten.

Sie stellt sich den Rex vor: Zusammen mit ein paar beklommen dreinschauenden Lehrern sitzt er jetzt in einem leeren Schulgebäude. Was für ein groteskes Bild! Wahrscheinlich hält er sich an seinem Telefon fest und rechtfertigt sich in allen

Richtungen. Eigentlich, so findet sie, kann er einem leid tun.

Simone winkt ihr zu. Ihr Vater ist jetzt bei ihr. Auch er macht Aufnahmen – im Gehen, im Stehen, im Hocken. Morgen werden von zweimal sechsunddreißig Bildern vielleicht zwei in der Zeitung erscheinen.

Christina aber wird alle ihre Bilder auf dem Schwarzen Brett der Schülerselbstverwaltung aufhängen – mit einem Bestellzettel. Das wird viel Arbeit machen, und sicher wird sie dabei auch ein paar Mark draufzahlen. Aber wer heute hier mitmacht, soll später seinen Kindern beweisen können: »Schaut, hier bin ich als Kind schon gegen den Krieg marschiert . . .«

Einer der Polizeiwagen fährt vorneweg. Was er für diese langsame Fahrerei im ersten Gang für eine Menge Sprit verbraucht! Ist das nötig? Warum kann nicht einer von den Leuten an der Demo-Spitze zu Fuß gehen? Komfort überall, auch bei der Polizei. Christina hetzt am Zug entlang, vor und zurück. Sie will sich nichts entgehen lassen. Ganz am Schluß des Zuges sieht sie Opi. Er hat ein bißchen Mühe, das Tempo mitzuhalten. Sie läuft zu ihm und hängt sich ein.

»Ach, Opi, daß du mitmachst! Das vergeß ich nie.«

»Bis jetzt«, sagt er, »hat ja alles großartig geklappt. Wenn so was Ähnliches auch nur in zehn großen deutschen Städten passiert, kann man's beim besten Willen nicht mehr überhören und übersehen. Dann wird's zum Phänomen.«

Christina versteht nicht ganz, was er meint. Aber das ist ja auch nicht wichtig. Hauptsache, er hat den Zug um einen Menschen vergrößert. Noch drei andere Veteranen haben sich ihm angeschlossen. Opi hat sich mit ihnen schon bekannt gemacht. Dem einen fehlt ein Arm, den zwei anderen sieht man nichts an. Aber es gibt viele Kriegsschäden, die man äußerlich nicht erkennen kann. Das weiß Christina.

Auch vier Frauen laufen mit, drei von ihnen mit Kinderwagen. Eine sagt: »Mein Junge soll nie lernen, wie man andere umbringt.«

Die vierte Frau ist schon alt. »Sie hat im letzten Krieg ihre drei Söhne verloren«, flüstert Opi Christina zu, die nun auch die alten Männer und die Frauen knipst und dann wieder nach vorn läuft. Sie braucht dringend noch einen neuen Film, besser zwei. Für alle Fälle. Im nächsten Block gibt's einen Kiosk, wo sie schon öfter Filme gekauft hat.

Beim Rennen wird ihr richtig warm. Als sie das Skelett erreicht, bläst Sebastian so schauerlich in die Posaune, daß sie eine Grimasse schneiden muß. Er bläst nicht wegen ihr, sondern weil der Zug gerade an der Kaufmännischen Berufsschule vorbeiwandert. Und schon tauchen Gesichter hinter den Scheiben auf, öffnen sich Fenster. Jemand aus dem Zug ruft hinüber: »Kommt doch mit!«

Die Spitze hält an, das Skelett winkt, der ganze Zug kommt zum Stehen, und alle rufen: »Mitkommen! Mitkommen!«, schwenken Fahnen und Transparente. »Wir protestieren gegen den Krieg!«

»Wir kommen!« tönt es herüber.

Freudengeschrei. Die gute Nachricht wandert von Mund zu Mund weiter, wird über die Köpfe nach hinten durchgerufen: »Die machen mit! Wir werden mehr!« Fähnchen werden geschwenkt, Transparente im Stakkato gehoben und gesenkt. Ganz hinten brüllt ein Sprechchor irgend etwas von einer wundersamen Zugvermehrung.

Dreihundert Meter Dauerlauf. Der Himmel ist milchig verhangen. Eine frische Brise ist aufgekommen, die ein bißchen in die Ohren kneift. Aber Christina hat ja, wenn's kälter werden sollte, die dicke grüne Mütze mit – in Sebastians Anoraktasche.

Sie läuft durch ein Schulzentrum: Links, das ist die Anne-Frank-Gesamtschule. Ein Nobelbau. Auf der anderen Straßenseite steht der kasernenhafte Nachkriegskasten der Brüder-Grimm-Realschule. Daneben ducken sich die Pavillons einer Grundschule ins Gebüsch. Hinter ihnen leuchtet die Kunstgewerbeschule durch die kahlen Äste der Parkbäume. Dort unterrichtet Julias Mutter.

»Mann«, denkt Christina, »vier Schulen – wenn die alle mitmachen würden: Das gäbe einen Zug!«

Aber dann klammert sie die Grundschule aus.

Die Kleinen kriegen ja das heulende Elend, wenn sie ohne Mami und Papi in so einer Menge mitlaufen sollen. Fängt eins an zu flennen, steckt es alle anderen an. Muß eins aufs Klo, müssen plötzlich alle. Und dem einen geht das Schuhband auf, dem anderen läuft die Nase. Die wissen ja auch noch gar nicht, was sie wollen. Wenn die demonstrieren würden, wär's eigentlich eine Demo ihrer Lehrer – oder?

Sie denkt an sich selber. Allerdings – als sie neun oder zehn war, hat sie schon ziemlich genau gewußt, was sie wollte. Auf jeden Fall eine saubere Umwelt, eine himmelblaue Zukunft auf Blumenwiesen in Schmetterlingswolken, umrahmt von gesundem Wald.

Atemlos kommt sie beim Kiosk an. Hastig zählt sie nach, ob sie genug Geld für zwei Filme bei sich hat.

»Ich hab da ein Sonderangebot«, sagt der Schnauzbart hinter dem Fenster. »Drei Filme zum Preis von zwei.«

Er zeigt ihr eine Packung. Genau fünf Groschen würde sie dann noch übrigbehalten. Her damit. Filme kann man immer brauchen.

Fernes Geschrei schwillt auf und ab wie Brandung. Ihr Zug.

»Was kommt denn dort?« fragt der Schnauzbart und reckt den Kopf aus dem Fenster. Er ist jetzt eingerahmt von Zeitungen mit Kriegsschlagzeilen.

»Unsere Schule«, sagt Christina stolz. »Auf Demo gegen den Krieg.«

»Alles Quatsch!« sagt der Schnauzbart. »Monster wie diesen Saddam Hussein muß man ausmerzen, da geht kein Weg dran vorbei.«

»Aber die Menschen dort –«

Er läßt sie nicht ausreden. »Sollen sie ihn umlegen, dann ist Ruhe. – Jetzt guck mich nicht an, als wär *ich* das Monster. So ist nun mal das Leben. Kampf. Man muß nur zu den Überlebenden gehören.«

Während sie die Filme in die Anorak-Innentasche stopft, sieht Christina, wie er einen Karton vom hinteren Regal auf die Theke wuchtet und aufreißt. Gummibärchen.

»Falls einer die Marschverpflegung vergessen hat«, lacht er.

Christina rennt zurück. Am liebsten würde sie den Zug in einem großen Bogen um den Kiosk herumleiten. Aber kein Weg führt daran vorbei. Sie schaut auf die Armbanduhr. Fünf nach zehn. Noch hat keine Rush-hour eingesetzt. Als sie einen Blick zur Kunstgewerbeschule hinüberwirft, sieht sie von dort eine Kolonne mit imposanten Transparenten heranziehen, vorneweg Julias Mutter – in ihrem königsblauen Mantel nicht zu übersehen! Christina rennt ihnen über die vierspurige Straße entgegen. Reifen quietschen. Ein Taxifahrer schimpft aus seinem Wagenfenster: »Verdammt, mach gefälligst die Augen auf!«

Sie fliegt Julias Mutter entgegen. Die läßt erstaunt ihr Transparent los. »Du, Christina?« Sie erfährt, daß der Zug des Böll-Gymnasiums ganz in der Nähe ist, vereinigt mit den Kaufmännischen. Die Kunstschüler sind stehengeblieben, beratschlagen, finden schnell zu dem Entschluß, sich mit den anderen zusammenzutun. Dreihundert Demonstranten allein geben einen etwas dürftigen Zug ab. Von einer Schwarzlockigen mit Messingklunkern an den Ohren erfährt Christina, daß die Kunstschüler ihre Demo auch nicht angemeldet haben. An diesem Morgen ist alles improvisiert.

Auf der anderen Straßenseite zieht jetzt Christinas Schule heran. Der nächste Zebrastreifen ist weit: hinter dem Kiosk. Aber die Begleitpolizisten haben schon kapiert, daß hier eine Vereinigung angestrebt wird. Sie stoppen den Verkehr, und die Künstler schwärmen über die Fahrbahn, den Gymnasiasten und Kaufmännischen entgegen. Christina sieht viele fremde Gesichter, auch unter den Lehrern. Jubel auf beiden Seiten, lebhaftes Winken. Bekannte begrüßen sich. Julia läuft zu ihrer Mutter. Der weite königsblaue Mantel umweht nun auch sie.

Christina läuft an Opi vorbei. Der ist jetzt nicht mehr am Ende, sondern in der Mitte. Sie ruft und winkt ihm zu. Er sieht schon ein bißchen müde aus. Als sie bei Sebastian ankommt, hält der Zug schon wieder. Diesmal vor der Anne-Frank-Gesamtschule. Sebastian berichtet, daß Georg und Susanne schon drin seien. Und er bläst in die Posaune, daß sich im näheren Umkreis alle die Ohren zuhalten. Oben wird aus den Fenstern gewinkt. Und jetzt erschallt eine Mädchenstimme aus dem Gebäude: eine Durchsage. Im Zug verstummt der Lärm, Christina lauscht hinauf und hört: »Die Schülerinnen und Schüler der Klassen sieben bis dreizehn, die an der Demonstration des Heinrich-Böll-Gymnasiums gegen den Golfkrieg teilnehmen möchten, sind ab sofort vom Unterricht beurlaubt. Dies gilt auch für die Mitglieder des Kollegiums. Wir versammeln uns vor dem Haupteingang!«

Der letzte Satz geht in Geschrei unter. Auch im Zug wird gejohlt und applaudiert, und Sebastian hat die Lippen schon wieder am Mundstück und holt tief Luft. Christina hält sich vorsichtshalber auch die Ohren zu.

»Herzlich willkommen!« ruft der Chor der ANGST-Fähnchen, als die ersten Gesamtschüler aus der Tür stürmen.

»Morgen, ihr Böller!« antworten die Annefranks. Sie quetschen sich mitten in den Zug, ein paar hier, ein paar dort, beachten nicht die Rufe: »Hinten anschließen!« Was tut's denn auch, wenn sie sich mit den Künstlern, den Kaufmännischen und den Böllern vermischen? Sie haben ja alle das gleiche vor. Außerdem haben die Annefranks leider keine Transparente vorbereitet. Sie sind von den Ereignissen einfach überrumpelt worden. Was liegt näher, als daß sie unter den Transparenten und Fahnen der anderen mitlatschen?

Auf dem Vorplatz wird's eng. Susanne und Georg sind zur Realschule hinübergelaufen, während sich hier der Zug in Bewegung setzt. Er ist kaum mehr zu überblicken. Ganz am Ende hängen sich noch immer Nachzügler aus der Schule an. Christina hat Opi aus den Augen verloren.

Dem Schnauzbart im Kiosk werden jetzt die Augen aus dem Kopf fallen. Die Spitze des Zuges ist keine hundert Meter mehr von ihm entfernt. Hinter dem Kiosk ist die große Kreuzung, dort muß der Zug einbiegen. Aber jetzt wird's kritisch. Vor allem die Jüngsten können anscheinend an keinem Kiosk vorbei, ohne was zu kaufen. Transparente sinken zusammen, Papptafeln fallen auf den Boden, vor dem Kioskfenster gibt's ein Gedränge. Die Lehrer und Oberstufenschüler mühen sich ab, daß alles wieder in Gang kommt. Wenn alle was kaufen wollten, ginge das ja nicht unter einer Stunde ab!

Aber Susanne und Georg sind noch nicht da. Eine kleine Pause gibt's also sowieso. Und während die Kids vorn um einen Platz am Kioskfenster kämpfen, wird im Hintergrund ein Filmteam aktiv, das seinen Kleinbus am Straßenrand abgestellt hat. Das sind Leute, die einen Streifen über Antikriegsdemos drehen wollen, wie Christina auf ihre Fragen hin erfährt. Sie knipst die Filmleute. Die filmen, daß ihnen trotz der Kälte der Schweiß auf der Stirn steht. Vor allem über die Transparente der Kunstschüler machen sie sich her. Darunter sind aber auch wirklich gekonnte Sachen mit viel Rot und Schwarz, Grau und Violett, viel Wüste und Endzeitstimmung. DIE ERSTEN OPFER DIESES KRIEGES SIND DIE VÖLKER DER DRITTEN WELT! liest Christina auf einem Transparent voller magerer Kindergesichter und knipst es, ebenso wie den riesigen Panzer, der den Himmel verdunkelt und unter seinen Ketten ein winziges Wüstendorf zerdrückt. SIND WIR NOCH ZU RETTEN? steht darunter.

Es scheint, als seien die Künstler spezialisiert auf Qualm. Rauchschwaden, Rauchpilze beherrschen die Transparente. Eines davon beeindruckt Christina besonders. Da zieht Rauch um den Erdball. In großen Lettern steht quer darüber: DIESER KRIEG BETRIFFT AUCH UNS!

Rufe hallen von der anderen Straßenseite herüber. Georg und Susanne sind wieder aufgetaucht. Christina hastet ihnen entgegen: »Kommen sie?« Wenn jetzt auch noch die Realschule mitmacht – Wahnsinn!

Nein. Leider. Der Brüder-Grimm-Schulleiter hat gar nicht mit sich reden lassen, ist nicht mal auf die Idee gekommen, den Vertreter der Schüler mit in das Gespräch einzubeziehen. Ein ganz Sturer soll das sein!

Aber drüben im Kasernenkasten öffnen sich jetzt Fenster, winken Schüler heraus, rufen »Viel Erfolg!« Man versteht nur die lautesten Schreier, weil hier an der Kreuzung soviel Verkehrslärm ist. Christina knipst die winkenden Schüler und wünscht ihnen insgeheim, daß ihr alter, häßlicher Kasten auseinanderbrechen möge – nicht wie ein gesprengter Bunker, sondern wie die dünne Schale vor dem Schnabel eines Kükens, das hinaus in die Freiheit will.

Also weiter! Aber wie kriegt man die Leute vom Kiosk weg? Blaubart wird energisch. Er drängt sich bis zum Fenster vor, dreht sich um und brüllt: »Pause zu Ende! Wer jetzt nicht in den Zug zurückgeht, dem zieh ich die Ohren lang!« Das macht er im Leben nicht, und das wissen auch alle, aber komisch: die Drohung wirkt. Vielleicht gerade weil sie nicht ernst gemeint ist. Und dann löst sich das Problem sowieso von allein: alles ausverkauft! Nur noch Zeitungen, Zigaretten und Souvenirkitsch sind übriggeblieben. Und Christina geht der Gedanke durch den Kopf, daß der widerliche Kioskmensch jetzt auch noch am Krieg verdient. Nicht soviel wie die Rüstungsbonzen, aber immerhin. Nie wieder wird sie bei dem was kaufen.

Der Zug formiert sich wieder. »Hast du Opi gesehen?« ruft Christina Sebastian zu. Er nickt und zeigt. Und er flüstert ihr den neusten Stand der Dinge zu, den er der Gruppe an der Spitze abgelauscht hat. Das sind Oberstufenschüler und Lehrer aus allen vier beteiligten Schulen. Auch Julias Mutter ist jetzt vorn.

»Sie haben beschlossen, den Zug zu teilen!«

Und schon beginnt sich der Zug neu zu gruppieren. Oberstufenschüler hetzen hin und her und bringen Ordnung ins Durcheinander. Christina findet es einfach Spitze, daß heute nicht die Lehrer bestimmen, sondern die Schüler! Die Annefranks tun sich mit den Künstlern zusammen, die Kaufmännischen bleiben bei den Böllern. Beide Züge stellen sich nebeneinander auf. Sie sind geschrumpft, sollen aber bald wieder anwachsen – und nicht zuwenig!

Jeder Zug hat vier Schulen einzusammeln – sofern sie sich einsammeln lassen. Die übrigen Schulen liegen zu weit ab. Aber wie Christina von Sebastian erfährt, der ja vorn an der Spitze alles mitkriegt, sind sie gerade dabei, den Fabian aus der 11 C mit einer ganzen Liste von Schulen ins nächste Telefonhäuschen zu schicken. Der ist zwar keiner von der Schülerselbstverwaltung, dafür aber der Sohn des Bürgermeisters.

»Sie haben ihm eingeschärft, seinen Nachnamen immer ganz deutlich auszusprechen, wenn er sich vorstellt. Den Namen gibt's nämlich nur einmal in der Stadt, und jeder kennt ihn.«

Soweit Sebastians Information. Die weiter

draußen liegenden Schulen sollen also allein zur Kundgebung kommen. Die nahen werden abgeholt. Die Böller sollen links abbiegen, die Annefranks rechts. Treffpunkt halb zwölf auf dem Rathausplatz. Der Gesamtschulboß hat sich angeboten, eine kurze Rede zu halten.

»Und nicht vergessen: deinen Vater auch!« ruft Georg Fabian nach, der auf die Telefonzelle in der Berliner Straße zustrebt. »Er kann ja gleich aus seinem Rathausfenster herausreden. Und wenn's nur drei Sätze sind!«

Gerade, als beide Züge in entgegengesetzter Richtung losmarschieren wollen, gibt's eine neue Verzögerung: Aus den Pavillons zieht eine bunte Kolonne von Zwergen heran – Grundschüler!

»Also nein«, hört Christina Susanne sagen, »das geht wirklich nicht.«

Aber einfach losmarschieren und sie nicht beachten, das geht auch nicht. Susanne läuft über den Zebrastreifen und versucht sie aufzuhalten: vier Klassen mit je einer Lehrerin. Viertes Schuljahr, schätzt Christina. Innerhalb der Grundschule sind das die Großen. Die begreifen schon, was Krieg ist. Susanne erreicht die Lehrerinnen, spricht kurz mit ihnen – und kommt mit ihnen zurück!

»Sie wollen nur ein Stück weit mitgehen«, berichtet sie, »und dann umkehren. Sie wollen eben auch mit dabeigewesen sein.«

»Wir sind auch gegen Krieg!« ruft ein Winzling.

»Und das sollen die Leute sehen und hören«, erklärt seine Lehrerin. »Nicht wahr, Alex?«

Nicht nur Alex nickt.

Nun denn. Die Knirpse werden von den Fünft- und Sechstkläßlern herablassend-gutmütig angegrinst: Putzig, die Kleinen. Es ist ja schon sooo lange her, seit man so klein war. Immerhin, sie verlängern den Zug. Das ist die Hauptsache. Sie werden verteilt auf beide Kolonnen, zwei Klassen hier, zwei da. Man sieht es den Winzlingen an, wie stolz sie sind, dabei zu sein. Die Züge winken einander noch zu, bis sie sich aus den Augen verlieren.

Plötzlich beginnt es zu schneien. Es sind nur wenige Flocken, winzige weiße Tupfer. Der Wind wirbelt sie herum. Christina betrachtet sie sorgenvoll. Wenn's nur nicht dichter zu schneien beginnt. Dann würden bald die Farben auf den Transparenten ineinanderlaufen, die Papptafeln aufweichen.

Sie bleibt stehen und läßt den Zug an sich vorbeidefilieren. Ob Opi wohl bei der Teilung den Durchblick behalten hat? Ja, er ist da, geht tapfer mit, ist aber doch wieder bis an den Schwanz des Zuges zurückgerutscht. Vielleicht beißt er jetzt die Zähne so zusammen wie damals im Krieg, wenn er Gewaltmärsche durch Polen, Frankreich und Rußland machen mußte, gegen seinen Willen.

»Hallo!« ruft er Christina heiter zu. »Wir Alten

vermehren uns hier am Zugende, wie du siehst. Ihr habt doch nichts dagegen?«

Mindestens ein Dutzend Frauen sind dazugekommen, alte und junge, und ein halbes Dutzend Männer. Rentner, Arbeitslose, Schichtarbeiter, wie Opi erklärt. »Schützenhilfe für die Lütten«, sagt der eine. »Die haben ja so recht. Wenn die so auf und davon gehen könnten wie die Kinder von Hameln, wir müßten Angst um sie kriegen.«

Ein weißer Spitz kommt herangeschossen, kläfft, läuft schnuppernd am Zug entlang und springt an einem kleinen, dicken Viertkläßler hoch. Der nimmt ihn auf den Arm und knutscht ihn. Was für eine Wiedersehensfreude! Und dann läuft Jockel, wie der Dicke ihn nennt, brav neben seinem Herrchen her und schnappt sich dankbar, was ihm von der ganzen Klasse an Leckerbissen zugeworfen wird. Snickers scheint er besonders gern zu mögen.

Jetzt ziehen sie an der Gneisenau-Kaserne vorbei. Die Kinder spähen durch den Gitterzaun. Niemand läßt sich sehen. Dann gehen ein paar Fenster auf. Junge Männer grinsen heraus: »Na, Steppkes, wo zieht's euch denn hin mit euren Standarten?«

»Jedenfalls nicht dorthin, wo ihr seid«, ruft einer aus dem Zug zurück. Und eine Klasse ruft im Chor: »Verweigert euch, verweigert euch!«

Einige Uniformierte liegen breit im Fenster und lachen. Einer ruft: »Ihr fallt uns ja ganz schön in den Rücken«, ein anderer wirft winkenden Mädchen eine Kußhand zu. Wieder einer tippt sich an die Stirn. Aber Christina sieht auch einen, der das Kinn in die Hand stützt und herunterruft: »Glaubt ihr etwa, *wir* wären scharf auf Krieg? Eine Sauerei ist das am Golf!«

Einer aus der Unterstufe wirft einen Packen Flugblätter über das Gitter, lauter lachende Bundeswehrsoldaten-Gesichter mit der Sprechblase ICH STERBE GERN FÜR BILLIGES ÖL. Der Wind wirbelt sie über den Kasernenhof. »Kennen wir schon!« ruft ein Soldat herunter. »Und am Golf geht's nicht *nur* um Öl!«

Die Flocken fallen dichter. Lieber Gott, verschieb die Schneierei!

Opi will Christina seinen Hut leihen. Aber sie schüttelt den Kopf. Sie hat ja bei Sebastian ihre warme grüne Wollmütze. Und noch hält sie's ohne Mütze aus. Später vielleicht. Sie hat jetzt zu tun. Sie knipst die Typen in den Kasernenfenstern, die Mitläufer am Zugende, Opi zwischen kinderwagenschiebenden Frauen, das Gebäude des Amtsgerichts, in dem sich jetzt einige Fenster öffnen. Männer und Frauen lehnen sich heraus. Jemand ruft: »Gott mit euch, Kinder!« Ein Mann, der Christina ein bißchen an J. R. aus »Dallas« erinnert, kommt sogar vors Portal und ruft: »Donnerwetter, ihr gebt einem richtig Hoffnung. Laßt euch ja nicht ins Boxhorn jagen!«

»Sind Sie ein Richter?« fragt ein Mädchen. Der Mann nickt. Ein bißchen zu eitel, findet Christina.

»Kommen Sie doch mit auf den Marktplatz«, ruft ein Junge, »und sagen Sie ein paar Sätze gegen den Krieg!«

Aber da hat's der Mann auf einmal sehr eilig und verschwindet im Gebäude.

Einen halben Block hinter dem Amtsgericht liegt die Comenius-Hauptschule. Und o Wunder, da stehen sie schon aufgereiht und warten – zweihundert, vielleicht auch dreihundert Fünft- bis Neuntkläßler. Viele Schwarzhaarige und Mädchen mit Kopftüchern sind darunter. Christina erinnert sich, daß Annekatrins Mutter die Hauptschüler mal »Türken, Trottel und Trinkernachwuchs« genannt hat, »allesamt vorprogrammiert für den Knast«. Aber da hat ihr sogar Mama widersprochen, und am allermeisten Annekatrin.

»Toll, daß ihr mitmacht!« ruft ihnen Georg zu, und Blaubart schüttelt einem Lehrer, der noch größer und breiter als er selbst ist, herzlich die Hand. Georg hält die Kaufmännischen an und nimmt die Hauptschüler in die Mitte. Christina gefällt es, daß ihre Lehrer zwischen ihnen laufen, nicht seitwärts oder das ganze Kollegium in einem Pulk dahinter. Zwei Türkenmädchen tragen ein Plakat mit dem Text: KRIEG IST NICHT GUT. Und ein großes Transparent wird auch gerade aufgerollt, darauf prangt nur ein einziges Wort, riesengroß: SCHEISSKRIEG!

Das versteht jeder.

»Scheißkrieg, Scheißkrieg!« ruft ein Sprechchor der Hauptschüler. Die Grundschüler fallen ein. Danach die Böller. Und da können sich auch die Kaufmännischen nicht zurückhalten. »Scheißkrieg, Scheißkrieg!« Das macht richtig warm. Wärme ist jetzt gefragt. Denn der Himmel sieht so finster aus, als wollte er gleich über der Demo zusammenstürzen. Die Polizisten schauen auch besorgt in den Himmel.

Ein paar Männer kommen aus einem Fabriktor. Sie haben blaue Kittel an. Christina knipst sie, wie sie stehen und dem vorüberwandernden Zug zuschauen. »Das ist seit langem das Vernünftigste, was mir vor die Augen gekommen ist«, sagt einer von ihnen.

»Die sind doch alle . . .«, erwidert sein Nebenmann. Aber der erste hört gar nicht hin. Er sagt: »Eigentlich hätte spätestens heute auf der ganzen Welt Generalstreik ausgerufen werden müssen.« Und den Kindern ruft er zu: »Demonstriert mal schön für uns mit gegen diesen Wahnsinn!«

Christina will schnell nach vorn laufen, um sich die Mütze zu holen. Aber da hasten drei junge Leute quer über die Straße auf sie zu, zwei Mädchen und ein junger Mann, und fragen, was hier vorgeht.

»Wir sammeln Schüler ein«, ruft ihnen eine Kaufmännische zu. »Um halb zwölf ist Kundgebung auf dem Rathausplatz.«

»Mensch«, sagen die drei und schauen sich an. »Wir kommen auch!« Eine von ihnen will gleich im Studentensekretariat anrufen. Es sind Studenten aus der Pädagogischen Hochschule. Sie haben's eilig.

»Wenn die halbwegs in Semesterstärke kommen«, hört Christina eine Hauptschullehrerin sagen, »dann kriegt das Ganze Gewicht.«

Christina schaut auf die Uhr. Viertel vor elf. Dann wirft sie einen Blick zum Himmel. Grauverhangen ist er und unheimlich – so, als wollte im nächsten Augenblick weiß Gott was aus ihm auf die Erde stürzen. Christina stellt sich die Stadt im Bombenhagel vor, Trümmerberge, über die der Zug klettern müßte. Das Haus daheim: nur noch ein Schutthaufen. Und in der ganzen Stadt kein Wasser mehr, kein Strom, keine ärztliche Versorgung, kein Verkehr. Was für ein Glück, daß hier noch Frieden ist! – *Ist* noch Frieden? Aber ja doch: Es gibt noch Wasser, und es ist trinkbar. Der Himmel ist nicht voll Rauch, die Erde nicht von Asche bedeckt. Am Zug braust der Verkehr vorbei. Leuchtreklame flimmert. Aber unsichtbar reißen schon die Ozonlöcher auf, sinkt das Grundwasser ab, ohne daß man etwas davon merkt, sterben die Wälder und sind doch grün. Der Frieden verflüchtigt sich.

Christina friert. Sie schaut sich nach Opi um, entdeckt ihn, läuft zu ihm hin und hängt sich bei ihm ein. Und da platzt auch schon der Himmel. Die Luft ist voller dichter Flocken, man sieht kaum zwei Meter weit. Das Gewirbel macht ganz schwindlig! Opi drückt Christina nun doch seinen Hut auf den Kopf. Wenn sie sich nicht im Zug befände, wüßte sie jetzt nicht einmal mehr, in welche Richtung sie laufen muß. Ein Kind weint. Christina hört Frau Enderlich sagen: »Na, was denn – es ist doch nur Schnee. Nichts als ein bißchen Wasser . . .«

Im Nu ist alles weiß. Aber schon lichtet sich das Gestöber. Hoffentlich hat Sebastian die Posaune umgedreht! Opi wischt sich den Kopf mit seinem großen Taschentuch ab, putzt seine Brille.

Christina hört ihren Namen rufen. Das ist Mamas Stimme! Und wirklich, da kommt sie gelaufen. Sie schwenkt ihren aufgespannten Regenschirm und umarmt Christina, als hätte sie sie jahrelang nicht gesehen.

»Sie haben es im Stadtsender gemeldet«, keucht sie aufgeregt. »Daß das ganze Böll-Gymnasium unterwegs ist – gegen den Willen des Schulleiters! Mit dem Taxi bin ich zur Schule und von dort hinter euch her. Opi ist auch verschwunden. Heute steht wohl alles kopf! Ihr hättet mich wenigstens anrufen können. Setz die Mütze auf!«

»Wenn du mich suchst«, sagt Opi ruhig hinter ihr, »ich bin hier. Schön, daß du auch mitdemonstrieren willst, Lotte.«

Mama schaut ihn verdutzt an. »Ich? Wie kommst du darauf? Du hättest mir wirklich Bescheid sagen können, Vater.«

Dann erkundigt sie sich nach Sebastian. Christina zeigt nach vorn.

»Hol ihn her«, sagt Mama. »Und dann fahren wir zusammen mit dem Taxi heim und nehmen ein heißes Bad.«

Aber Christina will nicht heimfahren, und Opi auch nicht. Mama läuft verzweifelt nach vorn, in Richtung Sebastian. Christina läuft ihr ein Stück nach, um zu sehen, was geschieht. Mama drückt Sebastian heftig an sich und redet auf ihn ein. Er trägt die Posaune. Aber nun nimmt Mama sie ihm ab. Christina ist verblüfft: Gibt Sebastian auf? Das sieht ihm gar nicht ähnlich. Aber nein, er verläßt den Zug nicht. Mama trägt ihm die Posaune und bleibt neben ihm.

Das Schneetreiben hat aufgehört, der Himmel lichtet sich. Es zeigt sich, daß die Transparente weniger gelitten haben als befürchtet. Nur die ANGST-Fähnchen sind aufgeweicht, liegen zerknüllt auf dem Asphalt und werden von vielen Füßen festgetrampelt.

Julia kommt gelaufen und ruft Christina zu: »Hilfst du mit? Wir können doch nicht so eine Schmutzspur hinterlassen . . .!«

Sie schwenkt eine Plastiktüte. Christina gibt Opi den Hut zurück und fängt an zu sammeln. Zu zweit laufen sie hinter dem Zug her. Keine schöne Arbeit. Manche Papierfetzen sind so festgetreten, daß man sie loskratzen müßte. Auch Duplo- und Mars-Einwickelpapierchen, Orangenschalen und gebrauchte Tempos in Massen wandern in die Tüte. Christina ekelt sich. Sie verwünscht diese Dreckstreuer im Zug, die ihren Müll gedankenlos fallen lassen. Aber wahrscheinlich ist gar nicht aller Dreck, den sie aufhebt, von ihrer Demo.

Die Tüte ist voll. Julia kippt sie in einen Müllcontainer und erntet eine wüste Schimpferei aus einem Fenster: »Was fällt euch ein, ihr Ferkel! Was hat euer Dreck in unserer Tonne zu suchen?«

»Hilf doch mal mit!« ruft Julia einem Jungen am Ende des Zuges zu. Aber der tut, als höre er nichts, und macht, daß er fortkommt.

Mühsam, so zu zweit in eine Tüte. Christina kämpft mit der Versuchung, ihre Fotografiererei vorzuschieben und auch zu verschwinden. Aber da reicht ihr eine Passantin eine Plastiktüte und sagt: »Also so was seh ich zum ersten Mal: daß Demonstranten ihren Mist selber aufsammeln. Von euch könnten sich viele Erwachsene was abgukken ...« Nach so einem Kommentar kann man sich doch nicht klammheimlich verdrücken – noch dazu, wo jetzt die Wolken aufreißen und blauer Himmel durchscheint!

Ein Mann in einem weißen Kittel steht mit verschränkten Armen vor einem Supermarkt. »Jesses, soweit ist es schon«, hört ihn Christina sagen, »jetzt gehen schon die Kinder auf die Straße . . .!«

»Was bleibt uns anderes übrig, wenn ihr Großen nicht geht?« ruft ihm Christina zu und erwartet eine empörte Erwiderung. Statt dessen fragt der Mann freundlich: »Kann ich euch mit irgendwas helfen?«

Christina verschlägt's die Sprache, aber Julia ruft: »Tempos!«

»Wartet«, sagt der Kittelmann, verschwindet in seinem Supermarkt und kommt mit zwei großen Packungen Papiertaschentücher wieder heraus. Er wirft sie Christina in den Arm, obwohl Julia auf ihn zuläuft. Aber mit ein paar Tempos kann man sich nicht freikaufen von der Mühsal um den Frieden, Herr Supermarktboß! Na, immerhin. Eine winzige Geste.

Während Christina mit den Tempos zu Frau Enderlich läuft, kommt der Zug vor einer Hauswirtschaftsschule zum Stehen. Unter einem breiten, von Backsteinsäulen getragenen Vordach teilen fünf Mädchen aus dampfenden Kesseln Zitronentee aus. Neben jedem Kessel stapeln sich Pappbecher. Den Tee gibt's gratis. Aber wo sind die Schülerinnen aus dieser Schule? Christina erfährt, daß sie schon vor einer Weile mit einer Technikerschule, die vom Stadtrand herangezogen kam, in

Richtung Rathausplatz abmarschiert sind. Eine Berufsschule war auch noch dabei.

Der Tee tut gut. Auch die Polizisten und die mitdemonstrierenden Nicht-Schüler bekommen Becher gereicht. Christina bringt Opi Tee, Sebastian versorgt Mama. Ein Tippelbruder, der am Ende mitlatscht, gießt sich gleich drei Becher voll ein. Wird er jetzt gleich aus den Ohren dampfen?

Die praktischen Hauswirtschaftlerinnen haben an alles gedacht. Für die ausgetrunkenen Becher steht ein großer Container bereit, und auf einer Tafel auf Rädern kann man lesen: TOILETTE? DAMEN KELLEREINGANG, DRITTE TÜR RECHTS. – HERREN HAUPTEINGANG, ZWEITE TÜR LINKS. BITTE SCHUHE REINIGEN! Ein heftiges Gerenne setzt ein. Auch Christina nimmt die Gelegenheit wahr.

Die Grundschulklassen sammeln sich. Sie wollen jetzt umkehren. Auch Frau Enderlich hat sich entschlossen, mit ein paar müden Fünft- und Sechstkläßlern den Rückweg anzutreten. Sie gibt einen Teil der Tempos denen mit, die weitermachen wollen. Eine kleine Blonde aus einer siebten Klasse hinkt. Sie hat eine Blase an der Ferse, will aber nichts versäumen. Da nimmt sie ein langer Typ aus der Hauptschule auf den Rücken.

Alle winken den Kleinen nach. Sie haben sich tapfer gehalten. Um fünfzig, vielleicht sechzig Köpfe ist der Zug nun geschrumpft. Aber was tut's?

Neue werden dazustoßen, solche wie Mama zum Beispiel. Christina legt ihren Arm um sie: »Super, Mama, daß du mitgehst . . .!«

»Was bleibt mir denn anderes übrig?« grollt Mama. Sie hat immer noch die Posaune im Arm. Opi will sie ihr abnehmen, aber Sebastian reißt sie an sich. Opi hat schon ohne Posaune Mühe genug, voranzukommen!

Weiter geht's. Gleich nebenan ist die Heinrich-Pestalozzi-Realschule. Sebastian saust mit der Posaune nach vorn. Es heißt, der Schulleiter habe die Demonstranten eingeladen, selber in die Klassen zu gehen und seine Schüler zum Mitmachen einzuladen. Als Christina, Mama und Opi den Eingang erreichen, knäult sich dort schon eine Menschenmenge. Der Bürgersteig ist zu schmal für so viele Demonstranten! Die Polizisten sperren einen Streifen der Fahrbahn ab. Schon formiert sich der Zug. »Ein Ruck-zuck-Unternehmen«, sagt jemand. Christina hört irgendwo die Posaune röhren – vor dem rhythmischen Hintergrund dumpfer Trommelwirbel.

Opi trägt Sebastians Getöse mit Fassung. »Klingt wie der Brunftschrei eines Yeti«, meint er.

Während Christina knipst, kriegt sie mit, daß es in der Organisationsleitung knirscht. Die Pestalozzi-Lehrer wollen alles bestimmen, schieben die Schüler hierhin und dahin. Susanne muß ihnen erst einmal klarmachen, daß das eine Schülerdemo ist, von Schülern angeleiert, von Schülern organisiert, von Schülern verantwortet. Wenn Lehrer sich anschließen wollen – bitteschön! Aber nicht als Oberorganisatoren. Immerhin, sie lassen sich belehren und halten sich, wie's scheint, von nun an zurück – soweit sie das eben können.

Auch die Pestalozzianer sind von der Demo so überrumpelt worden, daß ihnen zur Bastelei von Transparenten keine Zeit mehr blieb. Aber sie singen, und zwar im Nonstop-Einsatz. Sie brüllen aus voller Kehle. »We shall overcome« geben sie zum besten, als sie weitermarschieren, und das Shalom-Lied und noch allerlei anderes, Englisches und Deutsches, zum Beispiel eins, das von fünf »jungen Burschen« handelt, die in den Krieg ziehen. Keiner von ihnen kehrt heim, und fünf junge Mädchen warten vergeblich auf sie. »Keine den Brautkranz wand.« Ziemlich altmodisch, das Ganze. Trotzdem muß Christina hinhören.

Die Pestalozzi-Gesänge schallen bis in die Häuser und zeigen Wirkung. Sehr viel mehr Leute werden jetzt auf den Zug aufmerksam. Gardinen bewegen sich, Türen gehen auf, Gaffer sammeln sich auf der gegenüberliegenden Straßenseite. Eltern stoßen zu den Demonstranten, gesellen sich ihren Kindern zu. Christina knipst und knipst.

Und nun erreicht der Zug die letzte Schule, die er einsammeln will: das Goethe-Gymnasium. Hier wird jede Menge Latein gebüffelt, auch Griechisch. Ein altehrwürdiges Gebäude, an dem seinerzeit sicher keine Kosten gespart worden sind. Marmorsäulen rechts und links vom Eingang, darüber das Relief irgendeines griechischen V. I. P. Oder ist es der olle Goethe persönlich?

»Hannibal ante portas!« schreit jemand aus dem Zug. Georg und ein Mädchen von den Kaufmännischen steigen die Eingangsstufen hinauf und verschwinden im Gebäude. Eine Schülergruppe aus der Oberstufe steckt die Köpfe zusammen und ruft dann zu den Fenstern hinauf: »Wird im Akkord getötet, dann hat sich's ausgegoethet!« Diesen Zweizeiler finden alle gut, sogar die Polizisten. Und die ganze große Versammlung vor den Säulen schmettert ihn aus voller Brust.

Da erscheinen Georg und das Mädchen wieder im Portal, sichtlich gefrustet: Der Schulleiter sei nicht zu sprechen, und die Schülervertreter seien im Unterricht. Man möge warten bis zur nächsten Pause. Auf den Einwand, daß man unmöglich zwanzig Minuten warten könne, habe man im Sekretariat nur mit den Achseln gezuckt.

Doch die Demonstranten denken nicht daran, diese Schule aufzugeben. Sebastians Posaune dröhnt. Ein Ton wie ein Korkenzieher! Die Menge schiebt sich auf die Eingangsstufen zu. Susanne hastet vor ihr hinauf, dreht sich auf der obersten Stufe um und schreit: »Bloß nicht mit Gewalt, Leute! Nicht vergessen: Das ist eine Friedensdemo!«

Aber da brüllt schon jemand: »Goethe – wir kommen!« Und hinein wälzt sich der ganze Haufen, teilt sich vor dem Sockel mit der Goethebüste, strömt hinter ihm wieder zusammen, hämmert an alle Türen, reißt sie auf, ruft in die Klassenräume: »Kommt mit auf die Demo!« und stürmt durch das Treppenhaus empor. Nur die Lehrer halten sich im Hintergrund.

Während die anderen auf der Ebene des ersten Stocks auseinanderstreben, läuft Christina bis in die oberste Etage. Atemlos verschnauft sie eine kleine Weile. Hier oben ist noch alles still. Es riecht wie in einem Museum. So muß das vergangene Jahrhundert gerochen haben. Sie schaut hinunter in die Treppenhausspirale. Da sieht sie ganz unten Annekatrin und Simone auftauchen. Sie ruft und winkt. Die beiden schauen herauf und kommen hochgerannt. Zu dritt horchen sie an einer Tür, auf der 11A steht, gleichzeitig öffnen sie sie und schieben sich dicht an dicht in den Raum. In die fremden Gesichter hinein stottert Simone ihre Botschaft.

»Ja, und unten warten schon alle«, fügt Christina noch hinzu.

Den Schülern, alle viel älter als die drei Mädchen, scheint es die Sprache verschlagen zu haben. Christina schaut den Lehrer, einen kleinen Dicken, erwartungsvoll an. Jetzt muß doch etwas geschehen! – Ja, es geschieht etwas. Der Dicke steht auf und sagt, an seine Schüler gewandt: »Die Einladung ist nicht an mich gerichtet, sondern an euch. Ihr habt gemerkt, daß ich heute nicht bei der Sache war. Und ihr wart auch nicht bei der Sache. Kein Wunder an einem solchen Tag. Ich glaube, man kann den heutigen Vormittag nicht sinnvoller beenden, als gegen diesen sinnlosen und verhängnisvollen Krieg, der allen unseren humanistischen Idealen widerspricht, zu demonstrieren. Aber *ihr* seid gefragt, nicht ich.«

In die Stille hinein schwillt jetzt von draußen und zugleich aus dem Treppenhaus Lärm. Ganz deutlich kann man sogar hier oben verstehen: »Wird im Akkord getötet, dann hat sich's ausgegoethet!« Der Lehrer grinst, klappt das Klassenbuch zu, schiebt seine Bücher in die Mappe und sagt: »Mir aus dem Herzen gesprochen.«

Da springen die Schüler auf und reden durcheinander. Ein Mädchen fragt: »Dürfen wir denn nun mitmachen?«

Der Lehrer schaut die Fragerin erstaunt an und antwortet: »Es gibt Situationen, in denen man nicht fragen sollte, ob man darf oder nicht, sondern gut daran täte, selbst zu entscheiden, auch wenn man sich dadurch vielleicht einen Tadel einhandelt. Denn *ihr* werdet letzten Endes die Folgen dieses Krieges auszubaden haben.« Er macht eine kleine Pause, dann fügt er lächelnd hinzu: »Solltet ihr euch dazu durchringen, die Einladung anzunehmen, dann rennt die drei jungen Damen, die sie euch überbracht haben, nicht über den Haufen.«

Während die Großen an den Mädchen vorbei hinausstürzen, nickt ihnen der Lehrer zu und sagt: »Vergeßt die Nachbarklassen nicht.«

Das lassen sich die Mädchen nicht zweimal sagen. Sie verabschieden sich und flitzen hinaus. Aber inzwischen haben auch schon andere Demonstranten hier heraufgefunden. Die Klassen leeren sich, die Kleiderhaken auch. In hellen Scharen strömen die Goethes durch das Treppenhaus hinunter. Zwei aufgeregte Lehrer laufen durch den Gang, eine Lehrerin ruft ihnen vergnügt zu: »Ich geh auch mit.« Und der kleine Dicke von oben bewegt sich mit gesetzten Schritten abwärts, bleibt einen Augenblick vor der Goethebüste stehen, liest, was ein Eddingstift auf der illustren Wange zurückgelassen hat: »Scheißkrieg!«, liest den Text auf dem schwefelgelben Pappkarton, der jetzt der Büste um den Hals hängt: NICHT MIT MIR!, und geht dann hinaus, um sich der Demo anzuschließen. Blaubart winkt ihm zu.

Es gibt in der Schule nichts mehr zu tun. Simone und Annekatrin müssen noch schnell auf die Toilette. Christina begleitet sie. Ein Geschrei und Gewusel empfängt sie in dem Raum mit den vielen schmalen Türen. Hier belagern die weißgewandeten und weißgeschminkten »Kinder im Irak« den Spiegel. Sie schminken sich nach, helfen sich ge-

genseitig. Ihr Transparent haben sie zusammengerollt an die Wand gelehnt. Christina hört eine von ihnen sagen: »Irgendwo muß Saddam Hussein aber auch ein Mensch sein. Der seine Kinder gern hat. Der in traurigen Filmen weint. Der an seiner Mutter hängt –«

»Also für mich«, sagt eine andere, »ist er ein Teufel. Einfach eine ganze Stadt voller Kurden zu vergasen – kleine Kinder, alte Leute!«

»Für mich gibt's keine reinen Unmenschen«, sagt die erste eigensinnig. »Habt ihr in der Tagesschau gesehen, wie er die englischen Kinder gestreichelt hat, die von den Geiseln?«

Empörtes Geschrei: »Das ist kein Beweis! Hitler hat auch Kinder gestreichelt. Das machen alle Diktatoren – damit solche Typen wie du sagen: ›Ach, wie rührend. Was für ein gutes Herz er hat!‹«

Sie sind fertig, der ganze Schwarm schwirrt hinaus. Während Simone und Annekatrin in Kabinen huschen, wirft Christina einen Blick in den Spiegel: langes, glattes, dunkles Haar, noch feucht vom Schnee. Dunkle Augenbrauen, die über der Nasenwurzel fast zusammengewachsen sind. Dunkelbraune Augen. Mama hat oft im Scherz erzählt, sie habe sich als Kind eine Tochter wie Schneewittchen gewünscht, mit Haaren so schwarz wie Ebenholz. Und Opi erwähnt manchmal eine montenegrinische Ururgroßmutter, die in seinem Stammbaum angeblich herumspuke. Nichts davon ist wahr. Und es ist auch nicht wahr, was Christina in ihrer Grundschulzeit ein ganzes Jahr lang heimlich geglaubt hat: daß sie ein Adoptivkind sei. Vielleicht aus Ägypten. Vielleicht aus der Türkei. Vielleicht auch aus dem Irak. Das war ihre Tausend-und-eine-Nacht-Phase gewesen, und die Geschichte vom Kalif Storch kann sie noch heute halb auswendig.

Nein, sie ist die ganz normale Tochter von Mama und Paps, und es ist wirklich lächerlich, daß sich Mama ihre Haare immer schwarz färben läßt. In Wirklichkeit ist sie nämlich so blond wie Sebastian. Aber *wenn* sie ein Adoptivkind aus dem Irak wäre, dann stürben jetzt ihre Verwandten, vielleicht sogar ihre Geschwister unter den Bomben.

»He«, ruft Annekatrin aus ihrer Kabine, »hört mal, was hier an der Wand steht!«

Ach ja, Christina kennt diese Art von Sprüchen. Einer widerlicher als der andere. Sie will dieses primitive Gestammel gar nicht hören. Aber sie hört etwas ganz anderes. Etwas, was sie aufhorchen läßt:

»Über allen Gipfeln ist Ruh.
In allen Wipfeln spürest du
verseuchten Hauch.
Kein Vogel im sterbenden Walde.
Warte nur, balde
verendest du auch.«

Christina verschlägt es den Atem. Sind das jetzt die neuen Klosprüche? Es hebt ihr den Magen. Tod überall. Nur hinaus an die frische Luft!

Opi und Mama erwarten Christina vor den Säulen. Sie haben sich schon Sorgen um sie gemacht. Sebastian sei schon vorausgelaufen.

»So was in meiner Schulzeit – unmöglich!« sagt Mama, die noch ganz durcheinander ist von dem Sturm auf die Schule. Sie müssen sich beeilen, denn vom Zug sieht man nur noch das Ende. Mama bleibt bei Opi, Christina läuft dem Zug nach. Nur noch eine Viertelstunde, dann muß er auf dem Rathausplatz sein. Sie holt die letzten ein: Simone und Annekatrin zwischen Kinderwagen. Ein Mädchen aus dem Goethe sagt gerade zu ihnen: »Gott sei Dank, daß ihr uns rausgeholt habt. Ich hatte heute das Gefühl, ich müßte in der Schule ersticken.«

Die Goethes haben kein einziges Plakat, kein einziges Transparent. Sie können auch nichts singen, kennen die Lieder der Pestalozzi-Singer nicht, kennen überhaupt keine Antikriegslieder. Es fällt ihnen nicht einmal etwas ein, was sich im Chor sprechen ließe. Ein Mädchen stimmt schüchtern »DONA NOBIS PACEM« an, aber niemand kennt diesen Kanon, außerdem klingt er so klassisch. Jemand will ihn mal auf einer Weihnachtsfeier von Diakonissen gehört haben.

Ein kleiner Quartaner hat sich was einfallen lassen. Er kräht stolz: »Ich wette, daß Goethe den Wahnsinn verböte!«

Christina muß lachen. Aber einer aus der Goethe-Oberstufe winkt ab: »So ein Konjunktiv ist auf dem freien Markt unverkäuflich.« Da wird der Kleine rot und verstummt. Aus Mitleid gibt ihm Christina eine Handvoll von Opis Studentenfutter ab. Sie selbst futtert auch. So ein Marsch durch die halbe Stadt macht hungrig, trotz Krieg. Schließlich, als die Goetheschüler schon durch die halbe Fußgängerzone gezogen und mit den Pestalozzianern, den Kaufmännischen und den Böllern ein bißchen warm geworden sind, schließen sie sich den Sprechchören der Hauptschüler an und skandieren ihn mit Hingabe: »Scheißkrieg! – Scheißkrieg!«

Jetzt kommt die Sonne heraus! Die Pfützen glitzern. Der halbe Himmel strahlt in einer geradezu unglaublichen Bläue, wenn man bedenkt, daß heute der siebzehnte Januar ist. Nur wenn Einmündungen von Nebenstraßen den Blick auf den fernen Horizont freigeben, sieht man abziehendes Gewölk.

Christina flitzt hin und her und knipst – vor allem, als sie den Blumen- und Gemüsemarkt überqueren. Das wird schöne Bilder geben: Kinder, Blumen und Transparente. Eine Marktfrau hat den »Kindern im Irak« Blumen geschenkt, jedem

Mädchen einen Stengel. »Man darf nicht nur an die Kuweitis denken«, ruft sie einer anderen Marktfrau zu. »Und der Irak besteht ja nicht nur aus Saddam Hussein. Das darf man nicht vergessen. Und die Toten müssen wir uns auch selber dazudenken, die vor allem!«

Vor Christina gehen zwei aus ihrer eigenen Schule her, aus der Elften. Sie kann verstehen, was sie miteinander reden.

»Mann«, sagt der eine, »habe ich ein Glück, daß die Mathestunde ausgefallen ist. Ich hab null gelernt für die Arbeit. Absolut Zero. Das hätte einen Reinfall gegeben. Vor Montag kann jetzt nichts passieren. Vier Tage Gnadenfrist. Gerettet!«

»Bush hat gut getimt«, sagt der andere. Sie lachen. Als der Zug wenig später an einem Kino vorbeikommt, schwenken die beiden aus und bleiben vor einem Aushang von Filmfotos stehen. Christina dreht sich noch ein paarmal nach ihnen um. Plötzlich sind sie nicht mehr da. Wie vom Erdboden verschluckt.

Christina spürt eine wilde Wut in sich aufsteigen. Haben die denn noch immer nicht kapiert, worum's geht? Daß heute Bomben fallen? Daß Menschen vielleicht in Massen sterben, und zwar mehr Frauen, Kinder und alte Leute als Soldaten? Daß die Israelis voller Angst warten, was die nächsten Tage bringen? Daß dort jetzt alle, auch schon die Kindergartenkinder, das Gasmaskenpäckchen mit sich herumschleppen müssen, wohin sie auch gehen, als sei's ein Stück von ihnen, sozusagen ein Körperteil? Schade, daß sie diese beiden Typen nicht mehr erreichen kann. Sie würde ihnen am liebsten ins Gesicht schreien: »Vielleicht seid ihr eines Tages selber dort unten, mit einem Stahlhelm auf euren dummen Köpfen, und macht euch vor Angst in die Hose! Vielleicht hinkt ihr kurze Zeit später mit einer Prothese herum oder tastet euch mit gelber Armbinde und Stöckchen an den Hauswänden entlang. Mensch, wacht doch auf – es gibt Wichtigeres als die Mathearbeit oder das Kino!«

Sie läuft zu Opi und erzählt ihm von den beiden. Er nimmt's gelassen. »Solche Zeitgenossen gibt's in Menge. Auch in meiner Generation. Man muß mit ihnen klarkommen. Hätten wir ein anderes Leben gelebt, wären wir vielleicht genauso wie sie. Kein Grund, uns für was Besseres zu halten. Aber Grund genug, uns immer wieder um sie zu bemühen. Denn ihnen fehlen vielleicht nur die Anstöße ...«

Er wendet sich an eine junge Frau, die mit einem quäkenden Kofferradio dem Zug zuschaut. »Gibt's was Neues?«

»Sie fliegen pausenlos Einsätze«, sagt sie. »Sie nehmen sich kaum Zeit, zwischendurch zu frühstücken.«

Christina wirft Opi einen entsetzten Blick zu.

Kann einer frühstücken, während die, über denen er seine Bomben abgeworfen hat, schreiend ihre Angehörigen aus den Trümmern wühlen? Sind das noch Menschen?

»Ja«, hört sie Opi neben sich sagen, »so ist das mit dem Krieg. Er macht, daß man verroht. Entsetzen wird zum Alltag, und Menschen werden zu Monstern. Meine Kameraden und ich sind auch imstande gewesen, erst eine feindliche Stellung zu stürmen, mit Toten auf beiden Seiten, und anschließend herzhaft zu frühstücken.«

»Du?« Christina sieht Opi ungläubig an. »So hast du sein können?«

»Der Mensch ist zu fast allem fähig, im Guten wie im Bösen«, sagt Opi. »Aber nach dem Krieg habe ich mir geschworen, nie wieder eine Waffe in die Hand zu nehmen. Und glaub mir: Die Schuldgefühle werde ich nie wieder los. Die wünsche ich keinem. Am wenigsten euch Jungen.«

Gott sei Dank, denkt Christina, daß er sie hat. Und er ist nicht mehr der von damals. Sie läuft zur Spitze des Zuges, wo sie Mama wieder neben Sebastian findet. Mama unter den ersten Zwanzig einer Demo – unglaublich!

Aus einer Seitenstraße taucht eine große, schwarze Limousine mit getönten Scheiben auf. Ein Mann im grauen Mantel steigt aus. Er sieht irgendwie wichtig aus. »Stop – einen Augenblick!« ruft er. Und noch ehe sich die an der Spitze darüber schlüssig werden, ob sie halten wollen oder nicht, steht der Mann schon auf einer Treppe, ein kleines Gefolge hinter sich, und stellt sich vor. Christina kann den Namen nicht verstehen. Neben dem Mann geht, wie aus der Erde gestampft, ein Kameramann in Stellung. Aber er ist nicht der von dem Team, das sich zu Beginn der Demo so sehr für die Transparente interessiert hat und dann dem zweiten Zug gefolgt ist. Christina steht in der Runde der Demonstranten, die sich um den Mann geschart haben. Mit einer gebieterischen Geste verschafft er sich Ruhe.

»Ich als Parlamentarier«, spricht er jetzt ins Mikrofon, das ihm jemand aus dem Filmteam zugereicht hat, »bin über die Vorgänge am Golf genauso bestürzt wie ihr, Kinder. Krieg ist etwas Entsetzliches, und keiner wünscht sich ihn ...« Einige Demonstranten applaudieren, auch Christina. »Aber dieser Krieg«, fährt er fort, »ist ein Krieg der Welt gegen einen skrupellosen Aggressor, der, legte man ihm nicht beizeiten das Handwerk, in Zukunft noch weit Schlimmeres anrichten könnte.« Man merkt, er ist es gewohnt, vor einer Menschenmenge zu reden. Er hebt die Stimme: »Dieser Krieg wird mit ausdrücklicher Erlaubnis der Vereinten Nationen geführt, deren Mitglied auch Deutschland ist!«

Der Mann holt tief Atem, um weiterzusprechen. Aber ein schlaksiges Mädchen mit einem Kaugummi in der Backe kommt ihm zuvor: »Die Uno hätte nie, nie, nie diesen Krieg erlauben dürfen! Wenigstens die hätte doch vernünftig bleiben müssen. Für mich ist die nicht mehr glaubhaft!«

Der Parlamentarier wendet sich ihr freundlich zu. »Du mußt unterscheiden lernen, Kind, zwischen Kriegen –«

»Ich muß gar nichts!« fällt ihm das Mädchen ins Wort. Es angelt sich den Kaugummi aus dem Mund, klebt ihn sich hinters Ohr und ruft zornig: »Und von der Unterscheidung zwischen solchen und solchen Kriegen haben die, die unter den Trümmern liegen, gar nichts. Nicht mal ein Heftpflaster!«

»Frieden gibt es nicht umsonst«, bekommt sie zur Antwort. »Frieden bedarf großer Opfer. Und in der Golfregion *muß* endlich Frieden geschaff . . .«

Sie unterbricht ihn: »Was? Habt ihr uns nicht von kleinauf täglich eingehämmert, daß wir Deutschen nie mehr was mit Krieg zu tun haben wollen? Daß Krieg was Abscheuliches, was Menschenunwürdiges ist? Daß jeder bei sich selbst mit dem Friedenhalten anfangen soll? Und jetzt soll Krieg auf einmal wieder in sein? Ohne mich!«

»Unser Platz ist an der Seite unserer Freunde, der Amerikaner«, antwortet der Parlamentarier. »Wenn du älter bist, wirst du das –«

»Wenn ich dann so werde wie ihr Großen«, schreit das Mädchen, »will ich lieber gar nicht erst erwachsen werden!«

Und dann bricht sie in Tränen aus. Christina findet, daß das Mädchen Beistand braucht. Und sie sagt laut: »Wenn wir groß sind, machen wir alles anders als ihr. Hoffentlich wachsen wir schnell.«

Christina meint den Parlamentarier kurz lachen zu hören, dann sieht sie, wie er seinem Gefolge Zeichen gibt, und wenige Augenblicke später ist er in seiner Limousine verschwunden. Man kann ihn kaum erkennen durch die dunklen Scheiben, und Christina überlegt, ob er wohl von drinnen genauso wenig sehen kann.

Auch ein Drehorgelmann hat dem Parlamentarier zugehört. Jetzt setzt er sich an die Spitze des Zuges und kurbelt, was das Zeug hält. »Lili Marleen« spielt er. Opi hat mal erzählt, daß dieses Lied im Krieg nicht nur Deutsche, sondern auch Engländer und Russen zu Tränen rührte. Aber Susanne schickt den Mann weg. »Das ist hier kein Volksfest«, sagt sie.

Der Zug setzt sich wieder in Bewegung. Eine Frau läßt ihre zwei kleinen Kinder aus einem Riesenbeutel Bananen an die Schüler austeilen. Eine andere hält den Demonstranten ein großes Tablett voller belegter Brote hin. Vor der Ampel muß der Zug anhalten. Es kommt zu einem kurzen Geschiebe, doch dann wird die Ampel grün, und der Zug ruckt wieder an.

Als die Ampel wieder umschaltet, ist der Zug erst zur Hälfte auf der anderen Straßenseite. Der Verkehr staut sich vor dem Zebrastreifen.

»Und wozu das alles?« fragt ein Autofahrer, ein älterer Herr. »Ihr haltet uns von der Arbeit ab, bringt uns unsere Termine durcheinander, und was schafft das: Unfrieden!« Kopfschüttelnd beginnt er, das Seitenfenster wieder hochzukurbeln.

»Geht's bei Ihren Terminen um Giftgas- oder Waffengeschäfte?« ruft Hannes aus Christinas Klasse. Das ist der mit der roten Fahne.

»Ich leite ein Beerdigungsinstitut«, antwortet der Herr ruhig.

»Dann bitte ich um Entschuldigung«, sagt Hannes. »Aber ein bißchen Zeit sollten Sie sich doch nehmen, um über das alles nachzudenken.«

Als alle die Straße überquert haben, schaut Christina auf ihre Uhr. Drei Minuten fehlen noch bis halb zwölf. Ob der andere Zug schon auf dem Rathausplatz angekommen ist? Es ist nicht mehr weit. Nur noch ein Block. Sie kennt die Innenstadt wie ihre Westentasche. Auf dem Rathausplatz hat Paps sein Büro.

Vom Ende des Zuges her tönt plötzlich Geschrei. Dort hinten muß auch Opi sein – wenn er noch da ist. Christina läuft hin und zückt den Apparat. Aber was sich hier abspielt, will sie nicht auf dem Film haben: Zwei junge Männer brüllen sich an. Christina versteht nur Bruchstücke von ihrem

Gezänk: »Die sollten uns mal ranlassen! Der deutsche Soldat ist der beste Soldat der Welt!« und: »Ein elender Drückeberger bist du, ein Verräter am guten Ruf des deutschen Soldaten, der deutschen Nation!«

»Buh!« tönt es aus dem Zug.

Der andere dreht Christina den Rücken zu, sie kann nicht hören, was er antwortet. Aber sie kann es sich denken, denn er hat sich auf den Rücken seines hellen Anoraks geschrieben: SOLDAT, DESERTIERE! Er hält dem Kurzgeschorenen seine Faust unter die Nase. Aber Passanten, die über den Zebrastreifen hasten, drängen die Streithähne auseinander.

Christina schüttelt den Kopf, dreht sich um und rennt bis an die Spitze, die gerade beim Bonbonlädchen an der Ecke angekommen ist. Hier wartet sie manchmal auf Paps. Den Mann im Lädchen kennt sie gut. Er erinnert sie immer an ein Schweinchen, denn er hat kein Haar auf dem Kopf, und seine Haut ist ganz rosig. Er schenkt ihr oft ein Bonbon. Jetzt kommt er mit zwei großen, offenen Kartons voll Duplos aus seinem Häuschen und ruft: »Ein Land ist nicht verloren, das solche Kinder hat!« Und er hält den Vorbeiziehenden seine Kartons hin.

Da muß man doch hineingreifen, muß man sich doch dankbar zeigen!

»Auch Sie, gnädige Frau, auch Sie!« ruft er und

hält Mama seine Duplos hin. Und obwohl sie gerade auf einem Abmagerungstrip ist, kann sie's ihm doch nicht antun, »nein, danke« zu sagen.

Sebastian aber stößt zum Dank grauenhaft in die Posaune.

Christina, den Mund voll Duplo, schaut auf: Da liegt der Rathausplatz. Rund um das Reiterdenkmal wimmelt's von Kindern. Sie sind also schon da! Aber hinter der Häusersilhouette steigen schon die nächsten dunklen Wolken auf. Schauerwetter.

Alle Müdigkeit ist verflogen, die Transparente stellen sich aufrecht, Fahnen werden geschwenkt, die »Kinder im Irak« formieren sich. Die Pestalozzis singen lauthals, andere stimmen wieder ihre Sprechchöre an. Christina hört Mama nach ihr rufen. »Bleib doch hier, Kind, damit wir uns nicht verlieren!« Aber Christina hat jetzt anderes zu tun, als an Mamas Seite zu bleiben. Hinter ihr verhallt der Ruf: »Treffpunkt Paps!«

Sie rennt voraus, dreht sich um, knipst das Skelett, das mit schlotternden Armen zwischen Gerd und Gregor heranzieht, dahinter den Zug, den sie in seiner ganzen Länge aufs Bild kriegt, weil er gerade an der Ecke einbiegt. Great! Dann weicht sie dem Zug aus und knipst die Menge rund ums Reiterdenkmal, die tafel- und transparentschwingenden, winkenden, singenden großen und kleinen

Schüler. Im Hintergrund ragt das Rathaus auf. Dort wird sich, hoffentlich, der Herr Bürgermeister gerade ein paar passende Worte zurechtlegen.

Hannes rennt vorbei. »Du«, ruft er ihr zu, »ich versuch, aufs Pferd zu kommen. Vor den Kerl da auf den Sattel. Von dort oben muß man einen tollen Ausblick haben!«

»Da kommst du nie rauf!« ruft ihm Christina nach.

Wer ist eigentlich dieser Reiter? Opi hat ihr schon manchmal seinen Namen genannt, aber sie hat ihn immer wieder vergessen. Irgendein Feldherr – ein erfolgreicher natürlich. Aber es gibt in der deutschen Geschichte so viele erfolgreiche Feldherren. Die kann man sich unmöglich alle merken. Daß er ein Deutscher war, steht ziemlich fest. Wer käme denn auch auf die Idee, hier einen Ausländer zu verewigen? Daß er nicht nach dem letzten Weltkrieg aufgestellt wurde, ist auch klar. Aber er scheint schon aus der Zeit vor dem Ersten Weltkrieg zu stammen. Ist er irgend so ein Gockel aus dem Siebzig-Einundsiebziger? Schon allein der Hengst ist eine Zumutung: das reinste Muskelpaket. Erwartungsvoll hebt er den Schwanz, edel krümmt er seine Kruppe, unternehmungslustig winkelt er das rechte Vorderbein ein. Der Typ, der in der Haltung Bauch-rein-Brust-raus im Sattel sitzt, spreizt sich – vollgeklunkert mit Orden und Litzen. Enger Waffenrock, hochgeschlossener Kragen, aus dem das Kinn quillt. Wallender Umhang mit kunstvollen Falten, die nicht mehr als eine Säbelspitze sehen lassen. Die eine Hand hält lässig-souverän die Zügel, die andere drückt den Helmbusch an die Milz. Enganliegende Hosen in hohen, sporenumschnallten Stiefeln. – In was für scheußlich unbequemes Zeug haben sich damals die höheren Militärs durchs Leben quälen müssen, behängt wie Weihnachtsbäume, aufgeputzt wie Karnevalsprinzen!

Ist ja auch egal, wie er heißt. Auf jeden Fall ein Adliger.

Während sie weiterläuft, beobachtet sie Hannes, der dort drüben dabei ist, auf das Pferd zu klettern. Vom Sockel aus macht er einen Klimmzug am Schwanz, rutscht ab, versucht, über das angehobene Vorderbein hinaufzukommen, rutscht wieder ab und nimmt dann den Weg seitlich über den Feldherrnstiefel. Er findet wohl Halt auf der Stiefelspitze, sucht aber vergeblich nach einer Möglichkeit, sich weiter hinaufzuziehen. Schließlich gibt er auf und springt hinunter. Andere versuchen hinaufzukommen. Keiner schafft es. Gelächter.

Inzwischen ist der Zug ins Stocken geraten, denn Fotografen und Filmer umringen das Skelett. Simones Vater ist auch wieder aufgetaucht, läuft geschäftig hierhin und dorthin und interviewt Kinder.

»Hallo, Christina!« ruft Sebastian und flitzt an

ihr vorbei. Er hält die Posaune umklammert. »Du sollst zu Mama kommen! Sie ist ganz allein. Opi läßt sich auch nicht sehen!«

Schwupp, schon ist er weg. Wetten, ihn zieht's zum Reiter! Aber da kommt er nie hinauf. »Hörst du, Sebastian?«

Im übrigen: Warum soll Mama nicht mal eine Weile allein bleiben? Sie ist dreiundvierzig Jahre alt und wird doch wohl ohne fremde Hilfe zum Reiterdenkmal finden, das vor ihren Augen liegt. Wenn sie unbedingt Gesellschaft braucht, soll sie eben zu Paps gehen. Sie, Christina, hat jedenfalls keine Lust, gehorsam wie ein Hündchen neben Mama herzutrippeln. Sie braucht jetzt Bewegungsfreiheit!

Sie rennt Sebastian nach. Dort drüben stehen die Künstler mit ihren Rauchmotiven. Sie haben sich um ihre Transparente geschart. Sie erkennt Julias Mutter, Julia daneben, halb verdeckt von den Falten des königsblauen Mantels. Julia winkt herüber.

Aber Christina läuft nicht auf sie zu, sondern hinter Sebastian her. Er steuert das Reiterdenkmal an, wo jetzt Fabian auf dem Sockel erscheint, der Sohn des Bürgermeisters, der seine Sache am Telefon gut gemacht haben muß. Er winkt herüber, winkt dem Zug der Böller zu, der hinter Christina heranrückt.

Nein, es gelang bisher noch niemandem, in den Sattel zu kommen. Der Polizei wird das nur recht sein. Und natürlich den Alten dieser Stadt, die sicher Marschmusikgeschmetter hören, wenn sie an diesem ollen Feldherrn vorübergehen, und wehmütige Gefühle kriegen, wenn sie an jene gute alte Zeit denken, als oben noch oben und unten noch unten war. Auch wenn's damals noch keine Autos und Fernseher gab!

Jetzt nähert sich auch von rechts ein Zug und löst sich zwischen den Schülerscharen auf, die unter dem Reiterdenkmal stehen. Manche Gruppen haben eine Menge Transparente mitgebracht, auch Spruchbänder, die sie zu viert oder fünft nebeneinander tragen. Andere Gruppen sind ganz ohne Demo-Utensilien gekommen. Aber viele schmettern irgendwelche Parolen oder singen.

Christina schaut sich um und sieht, wie sich ihr Zug, der das Denkmal fast erreicht hat, nun auflöst und sich mit den anderen Gruppen vereinigt. So viele sind gekommen! Es müssen Tausende sein!

Das Gerippe lehnt jetzt an einem Hinterbein des Hengstes und wird ausgiebig fotografiert. Rechts und links posieren Gerd und Gregor. Einer von den Goethes, ein Großer mit einer blonden Locke über dem einen Auge, läßt sich von den Polizisten ein Megafon geben und klettert auf den Sockel. Dieser Blonde ist Christina schon in der Goethe-Schule aufgefallen. Schallend ruft er über den Platz: »Frieden für die Israelis!« Ein paar Stimmen wiederholen zu seinen Füßen: »Frieden für die Israelis!« Und dann schreit eine einzelne Stimme in der Menge: »Frieden für die Palästinenser!« Der Chor antwortet, nun schon um ein paar Stimmen lauter. »Frieden für die Amerikaner!« schallt es über den Platz. Der Chor gibt Echo, die übrigen Gesänge verstummen. Frieden für die Irakis, die Kurden, die Balten. Frieden für die hungernden Völker der Welt. Frieden für alle. Am lautesten rufen die Studenten der Pädagogischen Hochschule. Sie kamen als letzte auf den Platz und sind noch ein bißchen außer Atem.

Irgendwo hinter dem Sockel sieht Christina für einen flüchtigen Augenblick die Posaune aufblitzen. Sebastian muß also in der Nähe sein. Aber sie hat jetzt keine Zeit, nach ihm zu suchen. Sie muß unbedingt auch auf den Sockel gelangen, um von diesem erhöhten Platz aus die Menge fotografieren zu können! Hier unten sieht sie nur Köpfe und wird hin und her geschubst.

Rings um den Sockel herrscht ein unglaubliches Gedränge. Schließlich gelingt es ihr doch noch, einen Platz unter dem Pferdeschwanz zu ergattern. Sie richtet sich auf und schaut sich um. Von hier oben hat sie einen weiten Blick über den Platz. Aus den Straßen, die auf ihn münden, strömen Menschen. Erwachsene. Die Polizei hat die Straße, die den Platz umgibt, für den Autoverkehr gesperrt.

Neben Christina übernimmt jetzt Susanne das Megafon von dem Blonden und beginnt zu sprechen. Drei Fernsehkameras richten sich auf das Reiterdenkmal, auf Susanne, die gerade sagt: »Euer Krieg, ihr Großen, ist letzten Endes ein Krieg gegen uns, die Kinder. Denn wir werden seine Folgen auszubaden haben –«

Applaus hallt herauf. Christina schaut hinüber zu Paps' Büro. Das liegt im zweiten Stock des Hauses Rathausplatz sechzehn. Das Fenster, hinter dem Paps' Schreibtisch steht, kennt sie ganz genau. Das Fenster ist offen. Paps schaut heraus, schaut herüber. Und Mama ist bei ihm! Christina winkt hinüber. Aber wie können sie sie in dem Gewimmel erkennen? Auch der Sockel ist ja dicht an dicht besetzt!

Lieber Paps. Liebe Mama. Nein, sie kann sich doch nicht vorstellen, sie anders anzureden. Jetzt machen sie sich sicher Sorgen. O Mann!

Gerade, als Susanne »Wir sind das Volk von morgen!« ruft, fällt Christinas Blick zufällig zwischen die zwei Vorderfüße. Sie traut ihren Augen nicht: Tief unter dem hochgezogenen Pferdebein erkennt sie in dem Meer von Köpfen Opis Gesicht, das nach oben gerichtet ist. Er reicht die Posaune hinauf, jemand auf dem Sockel nimmt sie ihm ab, reckt sich, reicht sie noch weiter hinauf. Was soll sie dort oben auf dem Pferd, auf das doch keiner hinaufkann, wenn er nicht zufällig eine Leiter dabeihat?

Christina versucht zu erspähen, was sich oben

auf dem Pferderücken tut. Aber der verdammte Schwanz ist im Weg. Sie klammert sich mit beiden Armen an einem Hinterbein fest und lehnt sich weit zurück. So hat sie weniger Pferdehintern vor den Augen, kann eine Schulter des Feldherrn sehen.

In diesem Augenblick – gerade, als der Applaus für Susannes Worte verklungen ist – röhrt oben aus der Höhe die Posaune. Schallendes Gelächter auf dem ganzen Platz, tosender Applaus!

Als Christina sich noch ein paar Zentimeter zurücklehnt, erkennt sie Sebastians Turnschuh hoch über dem großen Feldherrnstiefel, geradezu rührend winzig. Der Kopf des Feldherrn aber steckt bis zum Hals in ihrer leuchtendgrünen Mütze.

Gabriele Runge (Hrsg.) · **Über Gudrun Pausewang**

ISBN 3-473-54000-5

Neben Werkanalyse und Rezeption der großen Erzählungen Gudrun Pausewangs enthält dieser Band auch Auszüge aus Reden und ein Interview mit der engagierten Autorin.

Die Verfasser der Beiträge sind:
A. C. Baumgärtner, Malte Dahrendorf, Dietmar Endstraßer, Hartmut von Hentig, Winfred Kaminski, Maria Lypp, Susanne Müller-Martin, Wilhelm Roer, Gerhard Rupp, Margarete Voll und Uta Weise.

– Originalausgabe als Taschenbuch –

Gudrun Pausewang · **Die letzten Kinder von Schewenborn**
... oder sieht so unsere Zukunft aus?
Lam. Pappband, 128 Seiten
ISBN 3-473-35098-2

Dieses Buch will
nicht ängstlich machen, sondern mutig,
nicht blind, sondern hellsichtig,
nicht taub, sondern hellhörig,
nicht stumm, sondern reden,
nicht passiv machen, sondern aktiv –
und dennoch friedlich.

Ein Buch, das auf jeden wartet.

Ausgezeichnet mit dem Buxtehuder Bullen, dem Gustav-Heinemann-Friedenspreis, dem Preis der Leseratten im ZDF und dem Zürcher Kinderbuchpreis »La vache qui lit«

Judith Kerr · **Als Hitler das rosa Kaninchen stahl**
ISBN 3-473-35007-9
Ausgezeichnet mit dem Deutschen Jugendliteraturpreis

Judith Kerr · **Warten bis der Frieden kommt**
ISBN 3-473-35025-7

Judith Kerr · **Eine Art Familientreffen**
ISBN 3-473-35050-8

»Die Emigration, die Vertreibung der jüdischen Intelligenz aus Deutschland, die Erfahrung von erzwungener Entwurzelung, so etwas galt ›vor dem rosa Kaninchen‹ (Zeitrechnung einer Kinderbuch-Lektorin) als Tabu.«
Die ZEIT

»Das Verdienst der Schriftstellerin ist es, solche Themen wie Judenverfolgung, Schrecken des Nazi-Regimes und Erfahrung von Heimatlosigkeit jugendliteraturfähig gemacht zu haben.«
Lindauer Zeitung

Hermann Vinke · **Das kurze Leben der Sophie Scholl**
Mit einem Interview mit Ilse Aichinger
ISBN 3-473-35087-7

Sie ist 21 Jahre alt; sie verteilt zusammen mit ihrem Bruder Flugblätter gegen Hitler; sie wird verhaftet und hingerichtet: Für Sophie Scholl, Arbeitsmaid, Rüstungshelferin, Biologiestudentin und Mitglied der »Weißen Rose«, endet am 22. Februar 1943 ein kurzes Leben voller Träume und Hoffnungen. Warum sich Sophie Scholl bewußt gegen das Leben und für den Tod entschied, versuchen die Schwestern, Freunde und Freundinnen, die Lyrikerin Ilse Aichinger und andere in Gesprächen zu klären. Ein seltenes, ein erschütterndes Dokument über ein Mädchenleben in unheilvoller Zeit.

Dieses Buch wurde mit dem Deutschen Jugendliteraturpreis und dem Buxtehuder Bullen ausgezeichnet.